“品读南京”丛书

丛书主编

徐宁

南京历代非物质文化遗产

王露明 万宝宁 编著

南京出版传媒集团
南京出版社

图书在版编目（CIP）数据

南京历代非物质文化遗产 / 王露明，万宝宁编著
. -- 南京：南京出版社
ISBN 978-7-5533-1697-0

Ⅰ. ①南… Ⅱ. ①王… ②万… Ⅲ. ①非物质文化遗产—介绍—南京 Ⅳ. ①G127.531

中国版本图书馆 CIP 数据核字（2017）第 044363 号

丛 书 名： 品读南京
书　　名： 南京历代非物质文化遗产
丛书主编： 徐　宁
本书作者： 王露明　万宝宁
出版发行： 南京出版传媒集团
南 京 出 版 社

社址：南京市太平门街53号　　邮编：210016
网址：http://www.njcbs.cn　　电子信箱：njcbs1988@163.com
淘宝网店：http://njpress.taobao.com　　天猫网店：http://njcbcmjtts.tmall.com
联系电话：025-83283893、83283864（营销）　025-83112257（编务）

出 版 人： 朱同芳
出 品 人： 卢海鸣
责任编辑： 徐碧超
装帧设计： 潘焰荣
责任印制： 杨福彬

排　　版： 南京新华丰制版有限公司
印　　刷： 南京工大印务有限公司
开　　本： 787毫米×1092毫米　1/16
印　　张： 14.75
字　　数： 200千
版　　次： 2016年10月第1版
印　　次： 2016年10月第1次印刷
书　　号： ISBN 978-7-5533-1697-0
定　　价： 45.00元

淘宝网店　天猫网店

总 序

徐 宁

南京，举世闻名的“六朝古都”、“十朝都会”，作为首批中国历史文化名城，其本身就是一部书，一部博大精深的书，一部诗意隽永的书，一部文脉悠长的书，一部值得细细品读的书。

南京的历史，可以追溯到遥远的史前时代。汤山猿人的头骨化石，证明了早在60万年前，南京便已有人类活动。在1万余年前，文明的火种播撒到这里，新石器时代的人类在溧水“神仙洞”留下的陶器碎片，成为他们曾经生活在南京的证据。距今大约五六千年前，在中华文明方兴未艾之际，在南京城内的北阴阳营，出现了古老的村落，先民们开始了耕耘劳作的历史。回溯人类古老文明兴衰的历史，我们会发现，无论是埃及、巴比伦、印度，还是中国，文明的光辉都如出一辙地兴起于大江大河之滨。南京襟江带河，气候温润，土壤肥沃，得天独厚的地理环境自然而然受到先民们的垂青。早先的人类，或许没有想到南京后来的辉煌与壮美，他们只是凭着生存与繁衍的本能，选择了这一方水土。

虎踞龙盘形胜地

南京的山水形胜，用“虎踞龙盘”来形容最为传神。

南京占据了长江下游的特殊地理位置，东有钟山，西有石头山（今清凉山、国防园和石头城一带），北有覆舟山（今小九华山）和鸡笼山，南有秦淮河。从自然地理的角度来看，南京山水齐具，气象雄伟，符合古代堪舆“四象”的格局，是“帝王龙脉”之所在，诸葛亮所言“钟山龙盘，石头虎踞，此乃帝王之宅也”实非虚谈。从军事的角度来看，南京三面环山，一面临水，地势险要，易守难攻，尤其是南京城西北奔流而过的浩瀚长江，江面宽阔，水流湍急，在冷兵器时代无疑是一道难以逾越的“天堑”。从经济的角度来看，南京东连丰饶的长江三角洲，西靠皖南丘陵，南接太湖水网，北邻辽阔的江淮平原，交通便利，既有秦淮河舟楫之利，又有“黄金水道”长江沟通内外。同时，南京地处富庶的江浙与广袤的中原之间，利于互通有无，促进不同地域文化的交流。

民主革命的先行者孙中山先生在《建国方略》中赞美南京：“其位置乃在一美善之地区。其地有高山，有深水，有平原，此三种天工，钟毓一处，在世界中之大都市诚难觅如此佳境也。”

金陵十朝帝王州

正是这些优越的先天条件，让南京在中华文明史上显得如此与众不同——历史上曾有孙吴、东晋、宋、齐、梁、陈、南唐、明、太平天国以及中华民国十个王朝（政权）在此建都，人称“十朝都会”。

早在周元王四年（公元前 472 年），越王勾践命令谋士范蠡在中华门外长干里筑城，史称“越城”，标志着南京建城史的滥觞。公元前 333 年，楚威王熊商击败越王，尽取越国故土，并在石头山筑城，取名金陵邑，这是南京主城区设立行政建置的开端。公元 229 年，吴大帝孙权正式定都建业（东晋南朝称建康，今南京），开启了南京建都的历史。此后，东晋、宋、齐、梁、陈相继定都于此，南京由此得名“六朝古都”。

五代十国时期，杨吴权臣徐知诰（即南唐先主李昪）于公元 937 年以金陵为国都，改国号为唐，史称南唐。1368 年，明太祖朱元璋在应天称帝，以应天为首都，改称“南京”，这不仅是南京之名的开始，也是南京第一次成为统一的全国性的首都。1853 年，洪秀全领导的起义军势如破竹，席卷半个中国，而他所建立的太平天国政权也定都于此，取名天京。1912年，封建帝制被民主共和的浪潮所终结，中华民国成立，而作为这个新时代的象征，孙中山先生便是在南京就任中华民国临时大总统，死后则葬于中山陵。此后，到了1927年，国民政府以南京为首都。1949年，中国人民解放军百万雄师过大江，解放南京，历史翻开了新的一页。

在中华文明发展的历史长河中，南京阅尽人间沧桑。仅从南京名称的变化，便可见一斑。古人曾赋予南京冶城、越城、金陵、秣陵、扬州、丹阳（杨）、建业、江宁、建邺、建康、白下、蒋州、昇州、上元、归化、集庆、应天、天京，以及石头城（石城）、秦淮、白门、留都、行都、陪都、南都、龙盘虎踞、江南第一州等名号。

纵观中国历史，定都南京的王朝（政权）屡屡在汉民族抵御外族入侵的紧急关头挺身而出，承担起“救亡图存”的责任与使命，成为中华文化的保护者、传承者、复兴者和创造者。在历史的关键时刻，如果没有南京这座城市做出牺牲、担当和贡献，中华文明的进程不仅难以延续，中华民族的历史也要重新书写。与同为我国“四大古都”的北京、西安、洛阳相比，南京在中华文化史上占有特殊的历史地位，富有独特的文化魅力。

江山代有才人出

在中国的古都中，南京堪称是英才辈出之地。一代代帝王将相，一代代文人骚客，一代代才子佳人，一代代高僧大德、一代代富商巨贾纷至沓来，或建都，或创业，或致仕，或定居……他们被南京的钟灵毓秀所滋养，又反过来为南京和中华民族谱写出一曲曲辉煌壮丽的篇章。

孙权、朱元璋、孙中山这样的开国伟人自不必说，他们的文韬武略，丰功伟绩，彪炳千秋；一代名将谢玄、岳飞、韩世忠、徐达、邓廷桢、徐绍祯，气吞山河，力挽狂澜，战功赫赫；一代名臣范蠡、诸葛亮、王导、谢安、刘基、曾国藩，励精图治，运筹帷幄，富国强兵，他们共同为南京乃至中华民族的和平发展与辉煌荣光奠定基石。历朝历代，南京这块沃土人文荟萃，群星璀璨，既有谢灵运、谢朓、鲍照、李白、刘禹锡、杜牧、李煜、周邦彦、李清照、辛弃疾、萨都剌、高启、纳兰性德这样的大诗人大词家，又有范晔、沈约、萧子显、裴松之、许嵩、周应合、张铉、解缙这样的史学家和方志学家；既有支谦、康僧会、葛洪、法显、僧祐、陶弘景、达摩、法融、文益、可政、宝志、太虚、达浦生、丁光训这样的宗教人物，又有萧统、刘勰、颜之推、李煜、焦竑、李渔、汤显祖、孔尚任、吴敬梓、曹雪芹、袁枚这样的文坛泰斗；既有皇象、王羲之、王献之、颜真卿这样的书法巨擘，又有顾恺之、陆探微、张僧繇、萧绎、顾闳中、王齐翰、董源、卫贤、巨然、髡残、龚贤、郑板桥、徐悲鸿、傅抱石这样的绘画名家。科学技术领域亦是人才济济。南朝时期祖冲之，在世界上第一次将圆周率值推算到小数点后第 7 位，比欧洲早了 1000 多年；明朝初年郑和从南京出发，七下西洋，乘风破浪，直抵非洲，成就世界航海史上的佳话，比哥伦布发现新大陆还要早87年，南京由此成为中国海上丝绸之路的重要城市。

诗词歌赋甲天下

古往今来，南京独特的山川形胜和丰厚的历史底蕴，给世人提供了不竭的创作灵感和源泉。在南京诞生或以南京为主题的诗词歌赋比比皆是。创作者不仅有才子佳人，更有帝王将相和外来使节。诗词歌赋的门类众多，既有乐府诗、游仙诗、边塞诗，也有山水诗、宫体诗、怀古诗以及各类辞赋，其中流传下来的大多是经典之作，南京因此有“诗国”之称。

南朝诗人谢朓《入朝曲》中的一句“江南佳丽地，金陵帝王州”，传唱千年，将南京定格为一座美丽的帝王之都。南宋女词人李清照《临江仙》中的“春归秣陵树，人老建康城”，表达出的则是对南京的无限眷恋。明朝开国皇帝朱元璋《燕子矶》中“燕子矶兮一秤砣，长虹作竿又如何？天边弯月是挂钩，称我江山有几多”，展现出了一位草莽皇帝唯我独尊的豪情。清朝画家郑板桥《念奴娇·金陵怀古·长干里》中“淮水秋清，钟山暮紫，老马耕闲地。一丘一壑，吾将终老于此”，则表达了对南京山川的无限热爱和归隐南京的愿望。而毛泽东主席《七律·人民解放军占领南京》中“钟山风雨起苍黄，百万雄师过大江。虎踞龙盘今胜昔，天翻地覆慨而慷”，彰显的是革命领袖豪迈的英雄气概。至于明朝朝鲜使臣郑梦周笔下的“皇都穆穆四门开，远客观光慰壮怀。日暖紫云低魏阙，春深翠柳夹官街”，流露出的则是远道而来的客人对明代首都南京的由衷赞美。

南京更是一座常令世人抚今追昔、抒发胸中块垒的城市，历代以南京为题材的怀古诗佳作迭出。从唐朝诗人李白《登金陵凤凰台》中的“吴宫花草埋幽径，晋代衣冠成古丘”，刘禹锡《西塞山怀古》中的“王濬楼船下益州，金陵王气黯然收。千寻铁锁沉江底，一片降幡出石头”，到南唐后主李煜“四十年来家国，三千里地山河”；从宋朝宰相王安石《桂枝香·金陵怀古》中的“念往昔，繁华竞逐。叹门外楼头，悲恨相续。千古凭高对此，漫嗟荣辱。六朝旧事随流水，但寒烟衰草凝绿。至今商女，时时犹唱，《后庭》遗曲”，到元朝词人萨都剌《满江红·金陵怀古》中的“六代繁华，春去也，更无消息。空怅望，山川形胜，已非畴昔”，再到清代官员纳兰性德《梦江南》“江南好，建业旧长安。紫盖忽临双鹢渡，翠华争拥六龙看，雄丽却高寒”。这些诗词歌赋意境高远，讲述的都是盛衰兴亡。南京的诗词歌赋宛如一条淙淙溪流，千百年来，流淌不息。南京在为世人提供创作舞台的同时也成就了自己“诗国”的美名。

传世名著贯古今

南京这座古老的城市，给中国乃至整个世界，留下了一批又一批不朽的文化遗产。

文学方面，既有《世说新语》《昭明文选》《桃花扇》《儒林外史》《红楼梦》之类的巅峰之作，又有《文心雕龙》《诗品》之类的经典文艺理论和批评著作。史学方面，既有记录国家历史全景的《后汉书》《宋书》《南齐书》《元史》，又有专注于南京地方历史全貌的《建康实录》《景定建康志》《洪武京城图志》《首都志》《金陵古今图考》。书画方面，既有《古画品录》《续画品》之类的理论著作，又有《芥子园画谱》《十竹斋书画谱》之类的入门教材。宗教方面，既有不朽的佛教和道教典籍《抱朴子》《佛国记》《弘明集》《永乐南藏》《金陵梵刹志》，又有重要的伊斯兰教文献《天方典礼》《天方性理》《天方至圣实录》。科技医药等领域，既有《本草经集注》《本草纲目》之类的医药学名著，又有《首都计划》《科学的南京》之类的科技规划作品。

南京的传世名著文脉悠长，绵延不断。一部部南京传世名著，宛如一座座高峰，矗立在中国文化的高原上，让海内外世人叹为观止。

城市是文化的载体，文化是城市的灵魂。著名文物保护专家朱偰先生在《金陵古迹图考》中写道：“文学之昌盛，人物之俊彦，山川之灵秀，气象之宏伟，以及与民族患难相共、休戚相关之密切，尤以金陵为最。”南京在中国历史上创造了一个又一个辉煌和奇迹，南京外在的秀美与内在的深邃交织在一起所形成的独特城市气质，催生了南京人开明开放的气度和博爱博雅的蕴含，以及对这座城市深深的眷念和热爱。

文化是一个民族的精神血脉，是人民的精神家园。优秀传统文化是中华民族的根与魂。为了进一步培育和践行社会主义核心价值观，推进“书香南京”建设，我们决定编写一套“品读南京”丛书。丛书以分篇叙述的形式，向读者系统介绍 1949 年以前（个别内容延续到 1949 年之后）具有鲜明南京地方特色、又有国际影响力的南京历史文化“名片”。丛书以全新的视角和构架，运用最新的研究成果，点、线、面结合，全方位、多角度重现南京的历史文脉，展现南京在各个领域的创造和成就，将一个自然秀美、历史悠久、文化灿烂、人文荟萃的南京呈现给世界。

（作者系中共南京市委常委、宣传部部长）

目　录

传统音乐

传统舞蹈

传统戏剧

传统曲艺

传统美术

传统技艺

传统医药

传统体育、游艺与杂技

民　俗

前　言

王露明

南京，六朝古都，十朝都会。在悠长宽厚的历史长河中，南京的历代先民为我们开启、创造、存续了博大精深的历史文化遗产。随着岁月的流逝，许多物质形态的文化创造已固化为珍贵的“文物”，但还有许多非物质形态的文化创造却以不同的“活态”形式遗存了下来，这就是“人类各族人民世代相承的、与群众生活密切相关的各种传统文化形式和文化空间”的非物质文化遗产。

目前，南京的非物质文化遗产，普查资源总计 2004 项，被正式列为人类非物质文化遗产代表作名录 4 项，国家级非物质文化遗产代表作名录 7 项，省级代表作名录 64 项，市级代表作名录 67 项，区级代表作名录计约 400 余项。它们是南京历史文化发展中极其珍贵的文化遗产，它们更以活态的承续力、创造力，展现着古都南京源远流长的尊贵和厚重，承载着古都南京亘古至今的乡风和乡俗。

在南京约 2500 年建城史和 450 年都城史的演进中，诸多重要的非物质文化遗产代表作项目，伴随其生成、成长、繁衍，从而直接呈现着古都南京尊贵、厚重的历史文化面貌。比如：南京云锦已有 1500 年历史，系“蜀锦、宋锦、云锦”三锦之首，只为历代皇室所专宠和尊贵；金陵刻经起源于唐宋，是中国佛文化历史的实证经典，也是古代雕版印刷的精髓，佛经传播扬名海内外；南京金箔始于东晋，几乎中国所有的寺庙都用南京生产的金箔给佛贴金、装金，并享誉世界；秦淮灯彩于南朝时从深宫走向民间，元宵“灯火满市井”的盛景全国之冠，享有“秦淮灯火（彩）甲天下”之美誉。金陵竹刻、南京剪纸、南京绒花、金银细工、窦村石刻、象牙雕刻等，均发端于千百年以上，并如活化石一般承袭着南京尊贵、厚重的历史文脉。还有那众多彰显着尊贵、厚重神祇的龙图腾、龙文化：被誉为江南第一大龙，也是我国最长、最大的舞龙“骆山大龙”；起源于北宋靖康年间，享有“龙中之冠”美称的“长芦抬龙”；独具江南特色，意蕴至尊“龙凤呈祥”的栖霞舞龙；六和高跷龙、高淳脱尾龙、江宁丹阳龙、长芦龙灯、龙吟车等等，无一不在演绎着南京“龙盘虎踞”历史文化的尊贵和厚重。

在南京非物质文化遗产中，乡风、乡俗的历史文化特质体现得最为广泛最为凸显也最为鲜活。浓郁的年节时令风俗：秦淮灯会、牛首山踏春、幕府山登高、六月六龙舟竞渡等；多元的庙会祭祀民俗：妈祖庙会、泰山庙会、蒲塘桥庙会、祠山大帝庙会、狮子岭庙会、薛城花台会、方巷人走北等；神奇的精工技艺和生产习俗：仿古木雕、戏曲脸谱、红木雕刻、瓷刻、泥人、微雕、制扇、绳结、裱画等；精致的传统饮食和生活习俗：南京板鸭、盐水鸭制作、秦淮风味小吃制作、牛脯制作、香肚制作、面点制作、素食烹制、清真烹制、京苏大菜、水八鲜饮食等；源远流长的尚艺审美习俗：南京白局、南京评话、南京白话、古琴艺术、留左吹打、高淳民歌、六合民歌、西善民歌、马铺锣鼓、东坝马灯、江浦手狮、湾北竹马、竹镇高跷、麻雀蹦、跳五猖、打社火、打罗汉、雨花石鉴赏习俗、赏梅习俗等。这些生机勃勃充满感情的乡风乡俗，伴随着南京先民的生产劳动、精神生活和文化创造而生成发展，同时也呈现着南京文化独特的历史价值、艺术价值、科学价值和情感价值。

在过往的十多年里，由于职责所在，本人有幸与各类媒体、各界人士以及广大市民朋友，就南京市非物质文化遗产保护的诸多问题，进行过较高频率的探讨征询和交流对话。其中，最集中也最具代表性的话题，就是南京非物质文化遗产在南京古都文化中的价值地位、生成流变、传承和发展，这正好与本次“品读南京”丛书之《南京历代非物质文化遗产》编撰的主旨相吻合。为此，我们刻意从南京市现已被正式列入各级代表性名录的非物质文化遗产项目中，遴选出108个包含世界级、国家级、省级以及市级重点项目作为讲述题材，以各个项目独具的历史演变过程、文化价值、保护传承为核心内容；并严格按照联合国教科文组织和国家专设的非物质文化遗产十项分类要求，分篇章、层次，借以图片配文的表现方式，简要介绍各个项目的特色、流变、民风、民俗和掌故等，构成“百个非物质文化遗产项目说南京”的文化大观，以求专业性、通俗性、趣味性相契合，让读者一目了然、雅俗共赏。

南京市非物质文化遗产保护工作已开展了十几年，各级政府和全社会遵循“保护为主，抢救第一，合理利用，传承发展”的方针，在抢救性保护、生态性保护、生产性保护、法制性保护等方面，做出了巨大的努力，也取得了很大的成功。但是，面对任重道远的非物质文化遗产保护之大计，我们应当始终牢牢地记取：“非物质文化遗产都是经过几百年、几千年传下来的，为什么能传下来？就在于有灵魂，有精神。一脉文心传万代，千古不绝是真魂。保护非物质文化遗产，就是传承民族文化的文脉。这不仅是一种文化教育，也是一种精神教育。”由此，希望本书能对读者了解南京非物质文化遗产和珍爱我们共同的精神家园，有所启迪，有所裨益。

衷心祝愿南京非物质文化遗产源远流长，继往开来，千秋万代！

（作者系南京市非物质文化遗产保护中心主任）

民间文学

民间文学是一种口头文学，它是人民群众集体创作、口耳相传的语言艺术。民间文学能够反映一个民族或一个群体的思想和生活。它不同于书面创作、书本流传的作品。在文字产生以前，口头文学是文学存在的唯一形式。民间文学的范围，一般包括神话、传说、故事、歌谣、谚语、谜语、歇后语、说唱、小戏等。只有历史悠久的民族才能拥有浩瀚如海的民间文学。

六朝古都南京有着丰富鲜活的民间文学。人物传记、民间传说、地方史志等，都是历朝历代南京人民的智慧结晶，充满了浓郁的地方特色。一些脍炙人口的经典作品流传千古：江宁有董永和七仙女的凄美传说，高淳有表现人间忠贞爱情的"华山梁祝"的故事，六合有达摩祖师"一苇渡江"保命弘法的故事，栖霞山千佛岩有着虔诚赴命化身一尊石佛的老石匠的传说，中华门外有永乐皇帝朱棣建大报恩寺的故事……它们是南京珍贵的文学宝藏。

（文　飚）

浦口地名与项羽

位于104省道浦乌公路边的兰花塘（原址“兰花村”）

2000多年前，刘邦和项羽双雄并起，夺得天下，但其后又一分为二，势不两立。经过旷日持久的楚汉相争，在公元前202年底，楚军被围困于垓下。之后，项羽率亲信800余骑突围，过浦口至乌江（今江苏浦口区与安徽省和县交界的一个镇），自刎而死。至此，楚亡汉立。

项羽在败走浦口至乌江自刎的路途中，留下了一个个动人的历史传说，这些传说又演化为一处处地名，沿用至今。这些传说地点分别为：

瓢儿井：位于沿江街道赵庄山脚下。传说项羽垓下兵败后，被韩信追赶至此地，因口渴难熬、四顾无水，遂手执战枪刺地成井。因本地人用葫芦瓢从井中取水，故称其为“瓢儿井”。

点将台：位于浦镇红石山上。传说淮阴侯韩信在此与楚霸王项羽相遇并点兵。

饮马池：位于江浦街道华山村北西华山。此一石塘相传为项羽饮马之处。

高望：位于浦乌公路高望车站西北山坡，即今江浦街道高旺村。相传楚汉相争后期，项羽垓下之战大败后逃至此地，登高观望汉兵远近。后人为纪念项羽，取该地名为高望。

兰花塘：位于浦乌公路兰花塘车站附近。项羽自高望西行十里许，即遇汉兵，人喊马嘶，堵击厮杀。混战中，虞姬不幸将头上兰花簪丢失于路塘。此后，这里年年春天开有兰花朵朵，遍布于塘边路上，幽香四溢，故名“兰花塘”。

失姬桥：位于桥林镇。项羽、虞姬相依为命，率残部由常山古道，

项羽当年“不肯过江东”的最后一站“乌江亭”

一路击散拦阻之敌，至石碛河畔，下马休息。此时虞姬已知穷途末路，为不连累项羽，横剑自刎。

九头亡：位于乌江镇九头王村西二里处，即今之九头王村，距桥林镇约八里。传说项羽至此，环顾四野，杀声震天，时汉骑前后冲至，项羽眦裂发指，驰骓奋战，怒斩汉军九骑之首。后人将此阵地称之为“九头亡”。

御祭庵：位于乌江镇林蒲圩附近。据传项羽死后，刘邦曾派大臣来此建庵祭拜项羽。

晾甲庙：位于星甸镇石窑村。相传项羽逃至此地，大汗淋漓，脱下盔甲晾之。后人为纪念项羽而建庙。

下马石：位于星甸镇珍珠庙村。相传项羽逃至此地，乌骓马踏下山头，今马蹄印尚存于石上。

霸王鞭：位于永宁镇西葛街南巷口。相传为项羽赶马所用，铁质，至今尚有半截存于地表。

四马山（又名四溃山）：位于石桥镇。楚汉相争时，项羽于此山列马队四面冲击，斩汉将获胜，故又名四溃山。

千百年来，浦口人民从不以成败论英雄，并以一个个地名传说的形式来纪念项羽这位昔日的英雄。这些地名的传说虽异于史家之言，但世代相传，妇孺皆知，反映了浦口人民对英雄的崇敬和缅怀。

（袁　铭）

达摩传说

佛教始祖达摩

达摩，中国禅宗初祖，是把禅学带入中土的第一人。传说他是印度香至王的第三子。自称释迦牟尼的第28代徒孙，即是印度禅的第28代祖。原名菩提多罗，禅宗二十七至祖般若多罗到该国传法，达摩从他学法，很得般若多罗的赏识，就给他改名为达摩，意译为道法，即是达摩已通达到法的意思。

达摩到中国弘法，先到广州传播禅法，颇有影响。梁武帝萧衍谄媚佛门，闻讯后，于普通元年（527年）仲秋派人迎达摩泛海来建康（今南京），款待甚为丰厚。但达摩看出梁武帝虽谄媚佛门，却非真正修行之人。武帝是一个佛教信徒，主批自我解脱。达摩是禅宗大乘派，主张面壁静坐，普度众生。加之当时南朝的佛教重视义理，与达摩的禅宗重坐禅，提倡“见性成佛，不立文字”的理论不合。由于他们的主张不同，经过几次交谈，言多不契，达摩激怒了梁武帝。外加梁武帝听信身边佞臣之言，故不能接受达摩“大爱的道理”，便使人用铁槊击折其两颗门牙。达摩见势不妙，遂告辞经幕府山躲避追赶于“达摩洞”（即现在南京燕幕风景区）。后又将一束苇草置于江面，踏蹑而渡。“一苇渡江”悄然北上，只穿一只鞋便离开建康，来到江北长芦寺。因此，后来的《六合县志》上就有“达摩遗弃佛牙一对，履一只”的记载。《六合县志》还记载有：长芦寺院有一室、一阁、一馆：即寿室、圣文室、秘阁、芝兰馆；两亭：即苇江亭、石柳亭；三殿：即达摩祖师殿、三宝殿、金刚殿；五堂：即一苇堂、立雪堂、直指堂、造福堂、僧堂。还有另辟下院牟尼峰寺等，据说共九百九十九间半。长芦寺鼎盛时，有僧侣1700多人，藏经多达5048卷。当时长芦寺成为

《六合县志》中的长芦寺图

佛教禅宗的发祥地和佛教活动的重要场所。达摩在长芦寺布道、传经，使长芦寺的香火格外旺盛，名声远播。各地僧尼前来朝觐，南来北往的香客游人络绎不绝，李白、王安石、苏轼等历代文人墨客都留有相关达摩留住长芦的诗文。如今，长芦寺还留有达摩播种的四人合抱的银杏树两棵。

该传说具有浓厚的本土色彩，留住了昔日的生活和活动的片断，留住了往日民俗文化和佛教文化的辉煌。

（王　利）

伍子胥与浣纱女的故事

春秋时期，楚平王听信奸臣的话，把伍子胥的父亲、哥哥等全家老小全部杀掉。只有伍子胥化装成平民，侥幸逃离楚国。楚平王闻讯后，立即派人捉拿伍子胥。

伍子胥逃出了楚国都城，一夜过了韶关，头发全白了。他继续东行，想投奔吴国。来到固城湖畔时，他却迷失了方向。正巧来了一位浣纱女，手提竹篮到湖边浆纱。这时，伍子胥赶紧上前，向女子说明情况，请她指明奔吴的方向。浣纱女得知伍子胥是忠良的后代，就对他说："你沿着这河边向东走，翻过前面那座小山就到达吴国地界了。"伍子胥对浣纱女躬身致谢，突然他看到了木盆里盛满用来浆纱的米浆，就指着米浆说道："姑娘，我已两天没有吃东西了，能不能给我吃点米浆？"浣纱女一听，毫不犹豫地端起木盆，送到伍子胥面前。伍子胥接过木盆，把米浆一饮而尽，谢过浣纱女就转身上路。但他没走几步就回头看看，只见那个姑娘还在望着他，伍子胥有些生疑，又回到浣纱女面前，轻轻地问："姑娘，如果楚兵追到这里，要打听我的去向，你怎么说？"浣纱女说："我虽没读过诗书，但还是知礼守信的人，请你放心走吧！"伍子胥这才上路。但他刚走不远又停下来，对浣纱女叮咛一句："千万为我保密啊！"浣纱女大声地回答："我说话算数！"伍子胥又重新上路，但他走几步又停下脚步，再次回头望一望浣纱女。浣纱女见此情景，觉得伍子胥一步一回头，总是对自己不放心，情急之下，就一

固城镇伍子胥塑像

固城遗址

头跳进水里自尽了。伍子胥对浣纱女的壮举惊讶不已，他暗暗发誓：“今后我若能保全性命归来，一定要报答恩人。”

伍子胥投奔吴国后，得到吴王的重用，协助吴王兴兵，吴国日益强盛起来。几年以后，吴王派伍子胥带兵攻打楚国，攻下了楚王行宫固城。伍子胥不忘当年救他的那位浣纱女，就率领三军在固城湖边隆重纪念浣纱女，并把从楚王城里缴获的三斗三升金豆子（即楚国货币郢爰）撒在湖边的小港里。后来，当地百姓把这条小港叫“黄金港”。千百年来，据说真的有人在这黄金港附近捡到过金豆子。浣纱女舍身救人的事迹广为流传，唐朝诗人李白游历高淳时，还为浣纱女撰写过碑文。

（汪士延）

卞和献玉的传说

卞和献玉的传说，由来已久，《韩非子》《史记》均有记载。《韩非子》中说卞和是春秋时楚国荆人，家住襄阳南漳县。而在南京高淳区，也有卞和献玉的传说，而且世代流传。2009年，卞和献玉的传说列入江苏省非遗名录项目。

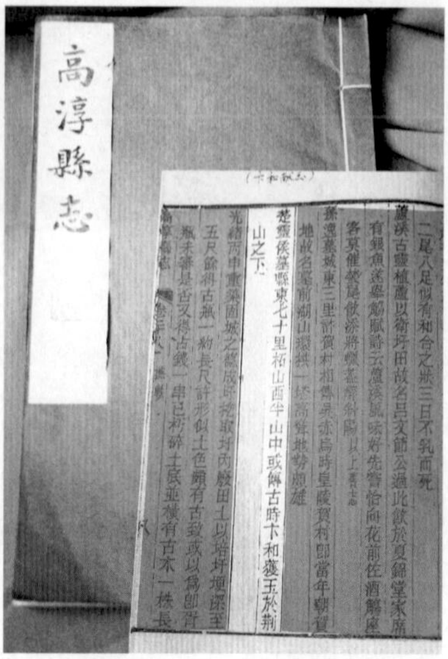

《高淳县志》上载有卞和献玉的传说

春秋时期，高淳桠溪镇一带属楚国“荆蛮”之地。在桠溪镇荆山脚下，住着一个叫卞和的人。每天太阳落山时，卞和总看见山上有一道很亮的光。他觉得很奇怪，就天天看。有一天，他看见一只凤凰飞来，落在一块石头上。他再仔细一瞧，亮光就在凤凰落脚的地方。卞和心里想：凤凰不落无宝地。于是他就爬到山顶上，看凤凰到底是歇在哪块石头上。他一直望了两年多，才认准了这块石头的方位。卞和很快把那块石头从山上弄下来，认为这是苍天恩赐的宝物，并非他个人之福，应把宝石献给国君才是。于是，他就带上宝石去见楚厉王。楚厉王是个昏君，认为卞和是拿石头当宝玉来骗他的赏金，一怒之下就下令砍掉卞和一只脚。

过了几年，楚厉王驾崩，楚武王即位。卞和不想被天下人耻笑，再一次进都城献宝。乡亲们都劝他不要去。卞和不顾劝阻，坚持要去献宝。谁知楚武王也是个昏君，对卞和献上的宝石看都不看，就下令砍掉卞和另一只脚。卞和再一次蒙冤含恨，历尽艰辛才爬回家。

卞和回家后，常常手捧这块宝石，一会儿仰天大笑，一会儿俯地大哭。他笑：“一国之君、满朝文武有眼不识荆山(金镶)玉。”他哭：“苍天既赐我无价之宝，又为何降大祸于我？”

卞和献玉传说中的望玉山

岁月无情，草木易秋。楚武王死后，楚文王登基，卞和再次进宫献玉。楚文王召集了天下识宝石的高人，让他们鉴别，但高人们都认为这只是一块普通的石头。卞和彻底失望了，一头向石头撞去，当场血溅奇石。只听“砰”的一声，石头裂开，现出一块晶莹的宝玉，令众人惊叹不已。楚文王将这块玉石命名为“和氏璧”，因念卞和献玉有功，欲留他在都城为官。但卞和不图名、不图利，风烛残年只求叶落归根。

卞和死后，村人把他安葬在荆山脚下，立碑纪念，并把卞和登山望玉的山称为“望玉山”。高淳民间还有一座五路财神庙，内有五尊财神，中间那尊财神就是卞和。因为卞和没有双脚，所以又叫“坐宝财神”。

（汪士延）

崔致远与双女坟

双女坟

高淳区固城镇花山之麓有个李家村，村前东南角有一座千年古墓，用砖石砌成墓室，并有青石墓门，椭圆形的坟冢，高出地表 2 米多，占地约一亩。坟墓边有个月牙形水塘，不远处便是树木葱茏的花山、九龙山和小金山，墓地显得格外幽静清凉。这座本来埋没于荒草之中的古墓，却因为崔致远的造访引来了一段千古佳话。

崔致远，字孤云、海云，唐代新罗国（今韩国）人。他 12 岁来中国求学，18 岁中进士，随后他被授为溧水县尉。当时高淳和溧水乃是一县，县治设在高淳境内的开化城。唐祥符二年（875 年），崔致远巡游花山，下榻在古驿道旁的招贤驿馆。见驿馆外有座古墓，他便询问村民该古墓的来历，得知墓中长眠着两名才貌出众的少女，她们是同胞姐妹，因婚姻不能遂愿，双双含恨自尽，死后同葬一穴，当地人称“双女坟”。崔致远浮想联翩，便信步前去凭吊，在墓门上题诗云：

谁家二女此遗坟，寂寂泉扃几怨春。
形影空留溪畔月，姓名难问冢头尘。
芳情徜许通幽梦，永夜何妨慰旅人。
孤馆若逢云雨会，与君继赋洛川神。

崔志远塑像

真可谓“日有所思，夜有所梦”，入夜，果梦两位绝色佳人轻移莲步翩翩而至。女子频频施礼，感谢公子题诗寄情，自称是“宣城郡开化县马阳乡张氏二女，少亲笔砚，长负才情，不意父母匹于盐商小竖，以此愤恚而死。天宝六年，同葬于此”。说者梨花带雨，听者为之动容。崔致远捧出佳肴美酒，邀其畅叙痛饮。席间对酌唱和，诗来词往，双方倾吐爱慕之心，至情深意密，才子佳人同枕共衾，喜结连理。一梦醒来，崔致远颇感惊异，遂作长诗《双女坟》记述梦中情景。

唐中和四年，28岁的崔致远辞职回国，潜心文学创作，长篇叙事诗《仙女红装》是其代表作，可见双女坟在崔致远文学生涯中占有相当的地位。后来崔致远被尊为“东国儒宗”、“东国文学之祖”。

如今，由于双女坟的发现，近十多年来，韩国学者纷纷来高淳踏访凭吊双女坟，崔致远、双女坟已成为联结中韩友谊的纽带。该故事为固城地区开发文化之旅增添了亮点，让游人在凭吊双女坟的过程中，了解到优美的民间故事，并增进中韩友谊。

（汪士延）

贡院街的故事

贡院街是贡院大门前的长街，东西贯通，非常热闹，是南京最繁华的闹市区。夫子庙和贡院这两大建筑，把贡院街的北面全都给占据了。从《康熙南巡图》中得知，即使是在科举的全盛时期，贡院街就已经是茶馆、酒楼密布的地方了。夫子庙大门的旁边就有酒坊。路上的行人，既有达官贵人，又有城市平民，还有乡下来的挑担扛筐的苦力，足见贡院街自古就是五行八作汇集的地方。普通民众在孔夫子庙的门前求得生存，早已成为一道风景线了。

每到科举考试三年大比的时候，贡院街上总是热闹非凡。街的两边全是士子们临时摆放的摊点，卖的东西大多是安徽、江苏的土特产：药材、瓷器、布匹、粮食、工艺品及文房四宝……真是琳琅满目，应有尽有。秀才们高声叫卖，大大方方，一点也不遮遮掩掩。秀才怎会变成商人了呢？原来秀才赶考，水陆并进，不论是车上，还是船上，都挂着“奉旨赶考”的旗子，逢关过关，遇卡过卡，沿途官员从来不敢检查。科举是国家大事，秀才们仗着皇上撑腰，私带家乡土特产，到南京来卖，顺便赚一笔。这早就不是什么秘密，连皇帝都知道，只不过大家都睁一只眼，闭一只眼罢了。

要到这个嘈杂的地方来住宿，就连文人吴敬梓都要选择在桃叶渡旁买房，求个

江南贡院里的人物塑像

清静。可乡试年一到，旅店老板笑得牙都要掉了。各地士子有二万多人来应考，最理想的居住地就是贡院街：靠贡院最近，连入场放炮的声音都能把人惊醒，睡得再死也不会错过入场时间。于是秀才们蜂拥而至，旅店的门槛都要被踏破了。住宿费一下子不知要涨多少倍，不是财富殷实人家的子弟，休想住得进来。乡试入场的前一天晚上，贡院街上二万多名秀才，排着长队，提着考篮，等着黎明入场。有的在念书，有的站着在打瞌睡。有钱人家的纨绔子弟，身边有好几个仆人伺候着，打扇子的、提考篮的，甚至还有专门打探入场消息的；而穷秀才们只能自己照顾自己，昏头昏脑地站一夜了。黎明时分，贡院里三声炮响，秀才们都振奋起来，贡院街上的长队也开始蠕动起来。贡院的三个大门同时开启，入场便开始了。当最后一名秀才进入贡院时，贡院街这才恢复了往日的平静。自20世纪初废除科举制度以后，贡院街就成了名副其实的商业、餐饮和旅游一条街。

（高安宁　王永泉）

大报恩寺的故事

大报恩寺塔遗址公园，位于中华门外雨花路东边。明代宏大的大报恩寺及其举世闻名的五彩琉璃塔就坐落在这里。

太平天国时期，一阵惊天动地的爆炸声，摇撼着整座应天府。埋在地下的数千斤炸药，把耸入云霄的大报恩寺琉璃塔炸得粉碎。当时，太平军与围困他们的清军形成对垒之势，韦昌辉认为这琉璃塔就是一个军事制高点，炸掉了就少了一个祸害。于是恢宏壮丽的大报恩寺琉璃塔从此消失了，后来只留下宝塔根这个令人遗憾的地名。

大报恩寺琉璃塔是永乐皇帝为纪念自己的生母妃而建造的。

永乐皇帝登基的第十个年头，溜须拍马的众臣们首先想到的是怎样在这重要的时刻讨得皇帝的欢心。那么，什么事情才能引起永乐皇帝的兴趣呢？正当大小臣子都在绞尽脑汁，苦思冥想时，永乐皇帝本人却郁郁寡欢，因为他想起了自己坎坷的身世。

永乐皇帝没足月就出生了，生母妃因此而受铁裙之刑死去。马娘娘把永乐皇帝养大成人。当南京城墙建好后，朱元璋带着皇子们在紫金山上视察。朱元璋问众皇子：“这城墙造得如何？”永乐皇帝马上说：“紫金山上架大炮，炮炮打中紫禁城。”朱元璋听后哈哈大笑，拿起一只橘子，剥了皮递给永乐皇帝说：“说得好，朕赏你一个剥了皮的橘子，还帮你撕了上面的筋呢！”永乐皇帝见得到父皇赏识，高兴地接过橘子吃了。

回到皇宫，永乐皇帝把这事告诉马娘娘。马娘娘吓得脸色都变了，说：“你的话得罪了父皇。橘子剥皮、撕筋，就是要剥你的皮，抽你的筋啊！”永乐皇帝吓得连夜逃往北京，拣了一条命。他从此认定一个死理：若不是我生母受到天大的冤枉，我也不会吃那么多的苦。将来我要是当上皇帝，一定要报答母恩。于是在永乐皇帝登基的第十个年头，他向众臣宣布，要在南京南郊造一座大报恩寺，规格按照皇太后的等级，倾全国之力而不惜。众臣都不知道永乐皇帝的隐私，没想到这个点子，当然没讨到皇帝的欢心，只好高呼“万岁”退朝了。

后来，经过19年的建设，一座南至雨花台、北至外秦淮河的大报恩寺终于竣工了，尤其是那座五彩琉璃塔举世无双，连康熙、乾隆皇帝到此观瞻时还写诗赞美呢！只可惜大报恩寺和宝塔毁掉一百多年了，只有宝塔根及其相关的地名一直延续到现在。2015年底，大报恩寺遗址公园建成对外开放。

（高安宁 王永泉）

沈万山传说

大财主沈万山虽然没有多少文化，但他的经历富有传奇性，因而成为民间文化的一个主角，老南京人把他奉为财神，所以沈万三能够流传千古。

秦淮方志家陈作霖在《东城志略》中说："马道街，相传富民沈万三居此。"沈万三故居在马道街5号、7号、9号大院内，现只存有一间大厅，约93.7平方米。房屋主要构件皆系楠木，十分坚韧，人们称为"楠木大厅"。清末时沈万三故居成为太平天国赞王府的一部分，后又经过改建，现今仍有文物价值。

虽然历史记载大多说沈万三是苏州人，后因朱元璋迁富户来到南京马道街定居，但也有说沈万三是南京人，如《张三丰先生全集》写道："沈万三者，秦淮大渔户也。"《云蕉馆记谈》也写道："沈万三家贫无产，以渔为生。"暂且不管他的籍贯究竟在哪里，沈万三发迹后居住在秦淮则是确凿的。

在老城南一带流传着沈万三的很多传说，而且集中在秦淮门东地区。细细查一查，门东确实集中了沈万三的许多家业，如马道街是他的车马队每天进出之道，堆草巷是他的马料场，白酒坊是他的酿酒厂，箍桶巷是他家专为酒厂造桶的，木匠营是他家木匠的住地，龙泉巷有他家的酒店……这些家业，全都围绕在马道街沈府四周，管理起来也方便。

沈万三住在马道街时，为朝廷捐资建造了部分的南京城墙，功劳很大，甚至因此衍生出聚宝盆的传说。沈万三不知道朱元璋是个多疑的皇帝，他为国捐财的行为，不但没有让朱元璋产生好感，反而让朱元璋越来越对沈万三富可敌国的财富产生了敌意。朱元璋对沈万三的故意迫害，让老城南人对沈万三产生了同情。后人在传说中把沈万三比作财神，比如传说在押解沈万三时，钞票跟着沈万三的脚步翻飞，扫也扫不完，表达了人们对沈万三这个财神的溢美之情。

（高安宁　王永泉）

乌衣巷的故事

李白到南京来游览，看见六朝的宫殿都被夷为废墟，万分感慨，就写下“晋代衣冠成古丘”的诗句，这当然是指东晋、南朝繁华都已经消失的事情。那时已经没有人知道秦淮河畔曾经有过一条名叫乌衣巷的繁华街道。这乌衣巷与晋代衣冠一样，被历史的尘埃所淹没。

可偏偏唐朝又出了位奇才刘禹锡，想象力极为丰富。他根本就没到南京来过，只是凭着他天才的诗人灵感，以及渊博的学识和灵慧的悟性，在安徽的偏僻小城里，写出了千古不朽的诗句：“朱雀桥边野草花，乌衣巷口夕阳斜。旧时王谢堂前燕，飞入寻常百姓家。”此诗一出，万众传诵。乌衣巷顿时变得耳闻目睹般的鲜活，成为人们昨日的梦境，既朦胧，又真切。

这条千古流芳的乌衣巷，就在夫子庙文德桥南面一带。

乌衣巷在东吴时期是军队的驻地，战士皆着黑衣，又叫乌衣营，乌衣巷由此而得名。《至正金陵新志》引《丹阳记》云：“乌衣之起，吴时乌衣营处所也。”巷里至今还保留了一口井。那井栏是青石雕成的，六角石壁上的绳索拉痕，竟有一寸多深，没有1700年的历史，是不可能拉出这么深的绳印的。乌衣营里战士生活用水，全靠这口井，所以保护得非常好。现在仍是游客观光的古物。

拥有众多传说故事的乌衣巷

乌衣在六朝时期属于比较贵重的衣物。住在乌衣巷的，都是王导、谢安、纪瞻这些贵族之家。贵族子弟们都穿着乌衣，以示身份的高贵，就连驻军也要模仿他们穿乌衣，足见乌衣在六朝是显示尊贵的标志，是一种区别门第的特殊民俗。贵族子弟们夜生活十分丰富，秉烛夜游是他们经常的活动，因而又称“乌衣游”。

乌衣巷还有一个传奇故事，出自《六朝事迹编类》里的《遮遗·乌衣传》。传说此处曾住着一位叫王榭的青年，出海做生意，船遇风浪，漂泊到乌衣国。他娶妻生子，幸福地生活。后来王榭想家了，又回到了秦淮河畔。可是已经几百年过去了，从前认识的人一个都不见了，他眼前的景象已不是从前的样子了。这传说给人以无限遐想，真是一个美丽的神话。

（高安宁　王永泉）

桃叶渡的传说

夫子庙旁的桃叶渡，已经有1600多年的历史。最有趣的是，在这漫长的岁月中，竟然没有人更改过这渡口的名字。许多方志文献记载，这渡口是因为东晋书法家王献之迎娶爱妾桃叶而得名。这就奇怪了，既然是王献之娶妾，为什么渡口不取名为“献之渡”呢？

对此，吴敬梓曾在《桃叶渡》一诗中写道：“世间重美人，古渡存桃叶。”可见吴敬梓认为，桃叶渡地名之所以流传，是因为桃叶是个美人，中国历来看重美人，反而不突出才子。吴敬梓的观点颇有代表性，但也有不少人认为，桃叶真是太幸运了，由于嫁给王献之，才使得她的芳名流传后世。历史果真如此吗？

相传一天早晨，王献之来到乌衣巷东面的码头上，见一位姑娘在亭子里朝他挥手，喊道：“请帮我拾一下团扇。”姑娘随后咏了一首诗：“青青林中竹，可做白团扇。动摇郎玉手，因风托方便。”王献之一看，是个漂亮的女诗人，便登上亭子，把团扇递给她。这姑娘名叫桃叶。王献之顿生爱慕之心，打算娶桃叶为妾，消息很快传遍了秦淮河两岸。

迎亲的那天，渡口人山人海。王献之站在亭下，看着桃叶乘渡船从对面渐渐靠近，便咏了一首诗：“桃叶复桃叶，渡江不用楫。但渡无所苦，我自迎接汝。”王献之吟诵着诗歌，飞步登上船，搀扶桃叶下船。

桃叶用团扇遮面，边走边咏：“七宝画团扇，粲烂明月光。与郎却暄暑，相忆莫相忘。”渡口上下鞭炮盈耳，欢声雷动。从此这渡口就有了一个新名字：桃叶渡。

从桃叶在不同场合歌咏的诗句，可以看出她的诗思十分敏捷，她所创造的诗境也很优美。桃叶的诗歌以巧妙的比兴手法，抒发了缠绵的情思，其水准应在王献之的《桃叶歌》之上。桃叶的诗歌广为流传，被后来好多种书籍所记载，如《玉台新咏》《初学记》《艺文类聚》等书里都有她的作品。桃叶因为具有不凡的诗才，生前已有“美女诗人”的声誉。可见，桃叶是凭借着自己的文学才华而使桃叶渡流芳千古的。（高安宁）

华山梁祝

梁山伯与祝英台的故事是中国古代四大爱情悲剧之一。“梁祝”发源于何处？历史上一直存有争议。南京市高淳区的“华山梁祝”，则道出了“梁祝”的前身，源于吴歌《华山畿》。

南朝时期，高淳的花山脚下，有一条古驿道，驿道两旁，有不少酒馆、旅舍。其中一家叫花山饭馆，店主姓李，有一个独生女春花芳龄18，尚未婚配，父母视为掌上明珠。有一天，有位姓徐的学子，沿古驿道前往云阳姑妈家探亲。徐公子中午在花山饭馆用餐，对春花一见钟情，春花也对他产生好感。回家后，徐公子就把爱上春花的心事告诉了母亲。徐母连忙请媒婆去求亲，结果遭到了春花父母的回绝。因求亲不成，徐公子一下子病倒了。徐母为了保全儿子的性命，她亲自前往求婚，但仍被拒绝。春花得知徐公子为她思念成疾的消息，心里非常难受。春花就从身上解下一件围裙，悄悄地递给徐母：“伯母，你把我这件围裙拿回家，放在公子床铺的席子下面，他就没事了，但千万不能告诉他。”

徐母一回到家，就把春花的围裙偷偷地放到儿子的席子下面。说来也怪，徐公子的精神马上就好多了。谁知有一天，徐公子无意之中发现了席子下面的围裙，就把围裙放到嘴里，拼命撕咬，结果整个围裙都被他吃下去了，转眼之间就不省人事了。徐母抱着儿子号啕大哭。这时，徐公子忽然睁开了眼睛，对母亲说：“等我死后，把我葬在花山，灵车一定要从花山饭馆门口经过。”说完他就闭上了双眼。

徐母按照儿子的遗愿，用两头大牯牛拉着灵车，缓缓地向花山方向走来。当灵车到达花山饭馆门口时，两条牛却停了下来一动也不动，引来了众人围观。只听春花小姐大喊一声：“请等一等！”说完，一头扑向灵柩，放声大哭，并且边哭边喊：“郎君啊，你为我而死，如果你有灵的话，就把棺材打开吧，让我和你永远在一起！”

谁知春花话音刚落，奇迹就发生了！只见棺材板突然掀开，春花随即跳到棺材里，棺材板随即又合起来，两头大牯牛拉着灵车就走。在场的人被眼前的这一幕惊呆了，纷纷议论道：“这对年轻人生前不能结合在一起，死后也要结为夫妻，这真是天意啊！”

胡适在《中国白话文学史》中，指出《华山畿》中的“华山”是高淳的“花山”。胡适在北京大学时的学生顾颉刚，经过多年研究认定《华山畿》是“梁祝”原型。

2007年，《金陵晚报》记者采访了高淳非遗保护中心负责人汪士延，作了《梁祝真人原型是南京高淳人》的报道。而后，椏溪镇文化站站长吕克斌又收集整理了关于华山梁祝的山歌。例如在梁祝对唱中，祝唱：“一脚深来一脚浅，正好淹到口子边。”梁唱：“明明淹到大腿边，为何说淹到口子边？”梁唱：“游来一对大白鹅，水浅水深问白鹅。”祝唱：“后头母鹅叫哥哥，前头公鹅就是你这呆头鹅。”这些歌词朴实无华，体现了高淳版的梁祝传说的美丽动人。

（汪士延）

董永传说

董永和七仙女的爱情故事流传甚广，最早应源于江宁地区的丹阳镇。

明宣德八年（1433 年），丹阳境内董塘村的董永，自幼丧母，父子相依为命，家境贫寒，以种菜为生。董父积劳成疾，不幸病亡，董永无钱葬父，只得卖身到傅员外家为奴三年，贷钱殡葬亡父。董永的孝心感动了天宫七仙女，遂下凡乔扮民女，在老槐树下与董永相遇，以老槐树为媒结为夫妻。七仙女为董永赎身吃尽千辛万苦；傅员外万般刁难，幸得天宫众仙女帮助，董永才获得自由，从此夫妻二人过着“你浇园来我织布”的美满生活。

传说归传说，而丹阳境内的地理名胜都与传说有着密切关联。这里有董塘村、大傅村、饭山、团子桥、七仙山等，每个地点都有其独特的传说。据 80 岁的成远东老人回忆，小时候经常听大人谈起董永和七仙女的故事。丹阳七仙山上有一座七仙庙，建于清朝时期，正殿中间是七仙女塑像，董永的塑像放在北边。老人在庙旁曾亲眼见过据说是七仙女下凡的右脚印以及她坐过的石靠椅。老人还清晰地记得离七仙庙不远的大傅村外，立有两个牌坊“孝子坊”和“贞节坊”以及村上的老槐树桩等。

传说中七仙女母子团聚的团子桥，后因损毁严重而重建

七仙女送子雕塑

更有趣的是丹阳镇上的董姓家族的宗谱上还有董永、七仙女的牌位。

后人为了缅怀七仙女和董永，丹阳镇上建有七仙街，街边广场立有一座七仙女送子给董永的汉白玉雕塑像，上题“人间天堂”四个大字，旁边栽了一棵老槐树，作为永久性标志建筑。

董永传说在丹阳已深入人心，经久不衰，该传说表达的爱情与传统的道德观念，对研究当地民俗民风具有历史和现实意义。

（张为农）

黄天荡的故事

长芦寺僧人与民众黄天荡抗金

黄天荡位于长江下游南京东北部的栖霞和大厂长芦南北两岸的江面上。这里江面辽阔，为南北险渡，水流湍急，漩涡交错，历来是弄船人的险堑。公元1129年，金兀术率兵南下，连破建康、临安、越州、明州。宋高宗赵构乘船逃往海上，才免于被擒。金兵在一番抢掠后，挥军北归。宋朝名将韩世忠、梁红玉夫妇得此消息，提前率领8000士卒，奔赴镇江屯兵于江中焦山，后在江中双方发生了激战，金兵且打且退至黄天荡后彻底被堵住去路，双方相峙48日。虽然韩世忠兵力不占优势，可宋军擅长水战，而且战船都是“艨艟大舰”。相比之下，金兀术的军队，尽管人数多，但只有一些小船，士兵的战斗力无法发挥。10万金兵竟被8000宋军围困，双方交战数十回合，韩世忠带兵在一线拼杀，他的夫人梁红玉在江中击鼓助威，浴血奋战的宋军竟然让嚣张跋扈的金兵吃瘪，一改宋军颓势。

金兀术在黄天荡被困48日感到绝望之际，采用了军师张榜重赏能解此围者之策，一见利忘义的闽人秀才偷揭榜文献上计策，使金兵趁着风小的时候挖开了老鹳河故道成功向南逃脱，并用小舟纵火，宋军舰大帆难以快行，大火使舰船遭到重创，一时间“人乱而叫，马惊而嘶”，宋军“被焚坠江者不可胜数”。正在此时一支千余人的民众武装，头扎红布巾，分乘着一百多只小船突然从芦苇荡中冲了出来，手举红旗和菜刀

为抗击金兵，岳飞儿子率人开挖的通江河，称为“岳子河”

杀向金兵，本想向宋军反扑的金兵被这突如其来的神兵一下给吓懵了，以为遭到了宋军的埋伏，慌忙夺路北逃，局势瞬息扭转。原来是以长芦寺庙的僧人憎道林、普伦等人为首领自发组织的义军前来增援。僧人们经常习武操练，热爱自己的民族，憎恨烧毁了他们寺庙的侵略者。韩世忠来到镇江后，听说长芦有一支义军训练有素，便遣使者与之联系，邀约长芦义军协助作战，得到了义军的积极响应。

军民联合的黄天荡之战沉重地打击了金兵的嚣张气焰，扭转了南宋军队总打败仗的局面，大长了宋军抗金救国的士气。自那以后，金人再不敢小觑宋军水师的战斗力，金兀术收起了彻底灭掉宋朝的心思，“黄天荡”这三个字成了他的“伤心地”。从此黄天荡名声大噪。此后，韩世忠被朝廷厚加封赏，载入史册，“梁夫人亲执桴鼓，金兵终不得渡”传为佳话。

（王　利）

石匠成佛的传说

南京栖霞山上有座千佛岩，传说千佛岩是六朝时期一位老石匠凿出来的。在这一千尊佛像中，最后一尊在大佛阁最东边的一个小窟里，这尊佛像比较特别，左手拿着凿子，右手拿着锤子。这哪是佛像？分明就是凿石佛的老石匠自己嘛。

六朝时，南京是京城，皇帝最信佛。有一次，皇帝来到栖霞寺敬香，看见栖霞山的山势蛮好，就在菩萨面前许愿，要在栖霞山上造千佛岩，凿一千尊佛像。

皇帝一说要凿石佛，那就是圣旨，谁还敢不听？这可把那帮太监给急坏了，连忙去找石匠。栖霞山下就出石匠，太监们果然在栖霞山下物色到了一名手艺无比高明的老石匠，并把老石匠带到京城去叩见皇上。

过去皇帝是天下臣民之主，规矩大得很：皇帝召见时，臣民要三跪九叩；皇帝讲话时，臣民只能跪在地上听，连头也不能随便抬，皇帝讲多长时间，就得跪多长时间。等皇帝把话讲完，老石匠已跪得两腿发麻站不直了，老石匠心里骂道："你皇帝叫我给你办事情，还让我跪上这老半天，总有一天，我也要你给我跪着尝尝滋味！"老石匠心里这么骂，可嘴上不敢吐出半个字，凿石佛的事更不敢马虎，他知道弄不好是要掉脑袋的。

石匠立地成佛变成最后一尊石佛

回到栖霞山，老石匠就整日整夜不停地干。他的手艺也确实是名不虚传，凿一尊是一个样子，尊尊石佛都不一样。那大的、小的、胖的、瘦的、老的、少的、俊的、丑的、坐的、站的，尊尊神态各异，姿势生动。就这样，老石匠经年累月地凿呀凿，已凿出九百九十九尊，还差最后一尊时，太监赶来告诉他期限已到了，第二天皇帝要亲自来朝拜石佛，一千尊石佛一定要在天亮前凿好。

老石匠拍着胸脯说：“放心就是了，保管误不了事！”果然在当天夜里就把最后一尊石佛凿成了。老石匠实在太累了，把铁锤、凿子放在一边，就睡觉去了。

哪晓得第二天早上起来一看，那凿好的最后一尊石佛不见了，这可急坏了老石匠。想要去找，可是到哪里去找呢？要是再重凿，时间又不允许了。老石匠想来想去，还是没有办法。

这时皇帝已经到了，那皇帝蛮虔诚的，见一尊石佛就跪下叩一个头，见一尊石佛就跪下叩一个头。当皇帝就要跑向最后一尊石佛时，老石匠急了，急忙一手拿着锤、一手拿着凿子跳进了最后一个石窟，一动不动地站在那里。皇帝叩了九百九十九个头，早已晕头转向了，见还有一尊，又扑通一声跪下叩了个头，朝拜完一千尊石佛就回宫去了。

后来传来传去，传得神了，人们都说石匠立地成佛变成了最后一尊石佛，还说这是神仙有意安排的结果。

（徐业海）

东山再起的传说

东山再起的传说在江宁周边地区流传甚久，几乎是家喻户晓。

江宁的东山原名土山。传说东晋谢安才学过人，是个有本事的宰相，但在朝廷遭到一帮小人的嫉妒，使得皇上一会儿用他一会儿贬他。谢安一气之下就辞官来到土山隐居，经常邀人喝酒作诗、聊天下棋，落个耳根清净。他人在外，心念家，就模拟浙江老家会稽东山景致，在土山上照葫芦画瓢搞建筑，并改土山为东山。

公元383年，前秦苻坚率百万大军南下伐晋，此时皇帝决定重新起用谢安，封他为征讨大都督，谢安没有推托。他回到朝廷运筹帷幄，调兵遣将，上下整顿，赏罚分明，官兵一心，做好了要与苻坚决一死战的一切准备。

不多久，苻坚的人马打到了淮河、淝水，只要一过江，东晋难保。谢安心中有数，凭东晋的八万官兵跟苻坚硬拼犹如鸡蛋碰石头，他坐镇东山，临危不乱，精心排兵布阵。为稳定军心，鼓舞士气，他把侄儿谢玄派往前线打仗。谢玄临走前想去请教这个仗怎么个打法，谢安只说了一句话："朝廷自有安排。"谢玄心里没底，第二天又派人来听口风。谢安却拖来人下棋，一直下到天黑，打仗的事还是一字未提。到了当天半夜时分，谢安才掏出将帅名单，摆出了他的"八卦阵"。

淝水战事拉开，谢安仍稳坐东山跟客人下棋，敌人果真中计，大败而逃。喜报传来，谢安接过一看，二话没说，继续下他的棋。客人一再追问才知道前方打了胜仗，谢玄立了大功，在场的人无不佩服谢安沉得住气。这就是历史上著名的以少胜多的"淝水之战"。

淝水一仗，救了东晋，谢安被封为三公之上。因为他东山闲居以后，又出来做了一番大事业，所以后来人们都说他是"东山再起"。直到现在，东山上还有谢公祠的碑、谢公泉的井，山脚下还有条跑马埂。传说这埂是当初谢安驯马时用的，能伸能缩，马跑多远，它就能伸多远，神哩！

（张为农）

传统音乐

南京传统音乐历经三百多年传承，其曲、歌并重，融合南北风韵，博采众长，意趣飞扬，凝聚雅韵风范，气度非凡。品种上有宫廷雅乐，有山乡民歌，也有铿锵军乐。

宫廷雅乐有金陵琴派，它是我国古琴的一个重要流派，最早是东汉末年的蔡邕在南京谱写了“蔡氏五曲”。金陵琴派融合南北琴风，在艺术理念上强调琴家应具有综合修养；在艺术表现形式和内容上突出琴歌与琴曲并存；在演奏特点上则秉持古韵，尤以“顿挫”取胜，在中国古琴界独树一帜。

民歌形式多样，曲调丰富，内容广泛。从内容上可分为田歌、牧歌、情歌、春歌、儿歌、仪式歌、时政歌、历史传说歌、劳动号子等九类。每一类都有其独特的表现形式：有极具水乡韵味的田歌《五月栽秧》，有哀婉缠绵的情歌《华山畿》，还有脍炙人口的六合民歌《茉莉花》等。

军乐的代表留左吹打乐（留左大鼓）在民族打击乐史上具有重要的研究价值，是军风、民俗的历史记忆，其声音仿佛雷鸣一般能传出几里地远，给人一种气势磅礴、恢宏震撼的刺激之感，充分彰显了古代军队彪悍、威猛、豪放之气势。

南京传统音乐，融汇南北，多元相生，有不问南北、不问男女、不问老幼，人人习之，人人喜听之的情形，在某种程度上是全国雅乐、俗曲的缩影。

（文　飚）

金陵琴派

青年古琴演奏家葛勇

金陵琴派，是我国古琴艺术的一个重要流派，2009年被联合国教科文组织列入人类非物质文化遗产代表作名录。

东汉末年，文人蔡邕来到南京，谱写了《游春》《绿水》《幽居》《坐愁》《秋思》这5首琴曲（合称“蔡氏五曲”）。知名琴曲《酒狂》为“竹林七贤”之一的著名古琴家阮籍所作。东晋丞相谢安喜好音乐，“家有名琴，后为齐竟陵王所宝”。被改编成琴曲的《梅花三弄》，源自于东晋时期夫子庙地区的邀笛步。南朝帝王好琴者甚多，梁武帝萧衍的《琴要》、梁元帝萧绎的《纂要》等，对琴艺发展起到了推动作用。画家周文矩笔下的《宫中图》，生动地再现了南唐宫女抚琴的风姿。明代以后，朱元璋之子朱权编成《神奇秘谱》，乃是中国古琴琴谱中刊行最早、收录古琴曲最多的琴谱之一。万历十三年（1585年），三山街“富春堂”出版有杨表正的琴谱《重修正文对音捷要声谱传》《琴谱正传》等。万历三十七年（1609年），刊行出版了杨抡的琴著《太古遗音·伯牙心法》，收集琴歌、琴曲63首。清代康熙年间所编的《五知斋琴谱》，收有金陵琴派所传习的著名琴曲。清末民初，金陵琴派则以黄勉之、杨宗稷等人为代表承前启后。1934年，王心葵、徐元白和夏一峰等人发起创立“青溪琴社”，活跃了金陵琴坛。

新中国成立后，南京市及秦淮区文化部门为了弘扬古琴艺术，开展了一系列的工作：1954年，南京市文联音乐家协会、秦淮区文化馆共同成立“南京乐社”，传承了古琴文化；1978年以后，金陵古琴乐人开始在区文化馆恢复活动；先后组织开展古琴培训班、开展古琴演出，举办

古琴在学校里的传承

了“刘正春古琴专场音乐会”、“张正吟师生、琴友古琴音乐会”、“打开希望之门——桂世民古琴专场音乐会”、“金陵琴社成立50周年纪念大会暨民乐专场音乐会”，产生了积极的社会影响。

金陵琴派传习演奏的琴曲主要有：“蔡氏五曲”及《关雎》《秋塞》《佩兰》《汉宫秋月》《高山流水》《平沙落雁》《梅花三弄》《古怨》《阳关三叠》《渔舟唱晚》《潇湘水云》等。

金陵琴派的主要特征：融合南北琴风，在节奏、指法和音乐意境等方面皆形成自己的独特风貌；在艺术理念上，强调琴家应具有综合修养；在艺术表现形式和内容上，突出琴歌与琴曲并存；在演奏特点上，则秉持古韵，尤以“顿挫”取胜，在中国古琴界独树一帜。

百年来，活跃于金陵琴坛的代表性琴人主要有黄勉之、杨宗稷、贾阔峰、王心葵、徐元白、夏一峰、王生香、汪建侯、胥桐华、赵云青、张正吟、邓文权、刘正春、成功亮、桂世民、李家安等。

（周安庆）

留左吹打乐

留左大鼓表演团在第八届江苏读书节开幕式上演出

长芦，是古代江北通往金陵的水陆交通要道，也是古代兵家必争之地，战乱时为古战场，安定时是屯田练兵的兵营军寨。

宋代曾在长芦地区设立忠勇军和忠勇军寨，明代设有留守左卫、横海卫、龙虎卫、骁骑卫等卫所。军营练兵、生活在乡村，必然要和老百姓接触。驻军为老百姓做些利民好事，如修路、铺桥等，军民关系逐渐融洽。凡军队出征、凯旋、调防及节日喜庆，老百姓均自发组织起来送慰问品、演奏吹打乐、舞提灯，到军营慰问庆贺；军营为了致谢，也擂鼓鸣金、奏军乐。久而久之，军民互相交流技法，于是军乐、民乐糅合，逐步形成具有固定乐律和风格独特的吹打乐“大曲”和“小曲”。由于此地留守左卫驻军时间较长，所以地名便称为留左村，故吹打乐名为“留左吹打乐”。原生态的打击乐大曲有《点将上位》《杀四门》《单枪》《双枪》《迎军归》，小曲则有《采莲调》《剪剪花》等。故留左吹打乐的产生和发展与古代屯兵驻营有着十分密切的关系。

留左吹打乐，又称留左大鼓，其表演团组成有各种打击乐器与吹奏乐器百余件，主要乐器以铜锣、铙钹、小镗、搭板、打小鼓、撞铃等为主，并伴有各种吹管乐器。18只鼓中最大一只鼓的直径为2.2米，高度达1.8米，重量达340公斤，几乎有半间房那么大，被誉为“金陵第一鼓”。大鼓选用优质杨木制作鼓圈，正反两面分别用两大张优质整水牛皮绷制而成。当时在绷制鼓皮时，乐器厂的师傅还让两个成年人用梯子爬到鼓上，站在鼓的中间，以增加其绷制后的张力；然后将鼓皮紧紧绷好，再用泡钉

留左大鼓表演团正在排练

固定住，这样就达到了鼓皮制作的最大限度。

击打鼓的鼓槌长 1.2 米，大头直径约 10 厘米，约有以前洗衣用的两个槌衣棒大小。鼓手击打鼓的时候就像夯大锤的工人一样，要抡起鼓槌来用力进行夯击，否则鼓声就达不到理想的效果。当用力时打出来的鼓声震得让站在旁边的人感到五脏六腑都在颤抖，其声音仿佛雷鸣一般能传出几里地远，响声度给人一种气势磅礴、恢宏震撼的刺激之感，充分彰显出了古代军队彪悍、威猛、豪放之气势。

留左吹打乐（留左大鼓）在民族打击乐史上具有重要的研究价值，是军风、民俗的历史记忆，2007 年被江苏省人民政府列入首批江苏省非物质文化遗产名录。

（王　利）

高淳民歌

高淳民歌手在南京老门东表演联唱

“龟游莲叶上，鸟入芦花里。少妇棹轻舟，歌声逐流水。”这是唐代诗人李白在游高淳丹阳湖时写下的一首诗。诗中“歌声逐流水”的少妇，正是高淳儿女爱唱民歌的写照。在长期的农耕时代中，高淳人民创造出大量原始的民歌，他们自编自唱，口口相传，世代传播。

高淳民歌形式多样，曲调丰富，内容广泛。从内容上看，可分为田歌、牧歌、情歌、春歌、儿歌、仪式歌、时政歌、历史传说歌、劳动号子等九类。

田歌、牧歌是反映当地劳动生产的歌曲，例如耘田歌、栽秧歌、放牛歌等名曲。其中代表作《五月栽秧》，具有浓厚的水乡韵味，曾作为南京师范大学音乐系教材，被许多歌唱家灌成唱片传播，在国内颇有知名度。

高淳情歌，面广量大，不仅有表达激情似火的短歌，还有哀婉缠绵的长歌。在高淳最早流行的情歌是南朝的《华山畿》，载入《乐府诗集》。经胡适先生、钱南扬教授考证，《华山畿》发源于高淳。

大量仪式歌如上梁歌、敬酒歌、送房歌、哭嫁歌等，体现了传统的民风、民俗。

劳动号子是高淳民歌的一大特色，如打夯号子、车水号子、龙船号子，号声嘹亮悠长，具有劳动节奏感。京剧曲牌中的“高拔子”，就是来源于高淳的划船号子。

高淳民歌在演唱形式上，不拘一格，因地制宜。无论在田间地头，

2008年中央电视台“民歌中国”栏目录制高淳民歌《五月栽秧》

还是在村前广场，人们都会引吭高歌，自娱自乐。

高淳民歌的重要特征是以乐谱3、6、$\dot{1}$组成骨干音，以五声调式构成旋律，尤其是《一粒种子一棵秧》中采用的角调，为全国仅有。

新中国成立后，全国各地音乐家经常到高淳采风，表明高淳民歌具有重要的历史价值、艺术价值和文学价值。

改革开放以来，高淳民歌逐步被搬上文艺舞台，还走进了中央电视台，在全国产生了很大影响。

近几年来，高淳区政府加大了保护高淳民歌的力度，区文化部门收集整理了不少散落在民间的民歌资料，为民歌艺人进行了录音、录像，建立了重点民歌手的个人档案；区文化馆经常举办高淳民歌培训班，为学校、企业、社区培养民歌手，每年举办一次群众才艺大赛，选拔民歌新秀，让高淳民歌后继有人。2009年，高淳民歌被列入江苏省非物质文化遗产名录。

（汪士延）

六合民歌

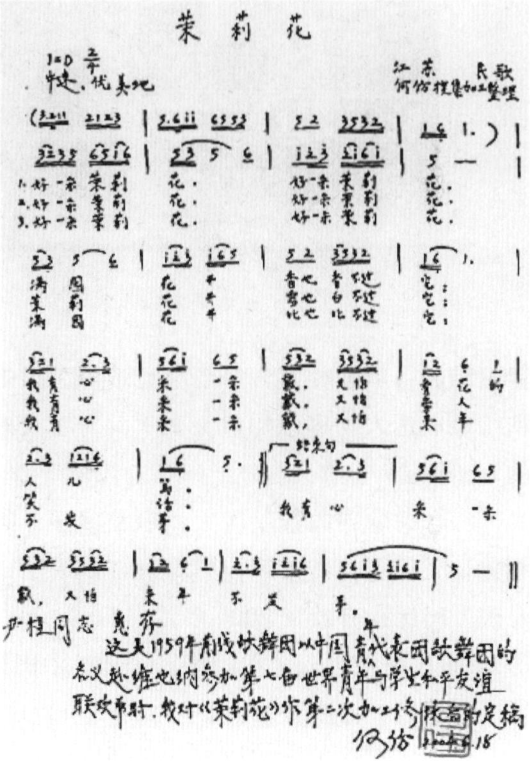

何仿先生收集的民歌《茉莉花》手稿

说到六合民歌，不得不提一首歌、一个人。

这首歌就是脍炙人口、深情飘逸的《茉莉花》。它时常在国内、国际重大场合奏响,乐曲委婉细腻、意蕴深长，深受国内外宾朋的赞赏，这首世界音乐舞台上的中国符号，正是由著名军旅作曲家何仿采自于六合民歌《鲜花调》加工整理而成。

这个人就是六合著名民歌手邵长荣。现已花甲之年的他唱了一辈子民歌，原生态唱法男腔女调高八度，纯朴自然，高亢激昂，极富穿透力和感染力，是公认的唱得最好的六合民歌手。山野里走出的他多次参加全国、省市等各类民歌大赛、展演，把六合民歌传唱到全国各地，被誉为“中国六大民歌之王”。

六合民歌源远流长，据《六合县志》记载，早在周代县内就有民歌、民舞结合的乡人傩会流行。以此推算，民歌在六合产生、繁衍至少已有2500年历史。

六合民歌和劳动人民的生活紧密联系，即兴创作，口头传唱，有反映劳动的、爱情的、婚姻的、日常生活的……它是无数六合劳动人民的

在南京老门东表演六合民歌联唱

智慧结晶，歌词朴实，乡土气息浓郁，很多比喻既形象又贴切，是高度精练地表达人物思想的口头文学，为后人提供了鲜活的历史记忆和宝贵的人文价值。

六合民歌词曲数量庞大，唱腔多样，曲调种类繁多，它靠的是口耳相传，凭记忆、借传带，尽管有许多词曲自然遗落失传了，但是目前六合民歌仍保存有歌词 2000 多首，曲调 100 多支。《鲜花调》《摘红菱》等 12 首民歌被收入《中国民歌》和《中国民间歌曲集成 · 江苏卷》，民歌《格登代》曾被编入小学五年级音乐教材。

六合历来注重民间优秀文化的搜集与整理，多次进行大面积民歌采风，举办民歌汇唱、汇演活动。经六合民歌改编的《家乡好》《妹打号子哥等待》《咯噔唱春》《六合民歌联唱》等民歌节目，以不同表演形式搬上舞台，深受观众喜爱。《广播歌选》、中国解放军军乐团等多家专业音乐团体纷纷来六合采风，近距离感受六合民歌独特魅力。

2011 年六合区被中国民间艺术家协会授予“中国民歌之乡”称号，六合民歌被列入省级、市级非物质文化遗产名录。

（王　艳）

马铺锣鼓

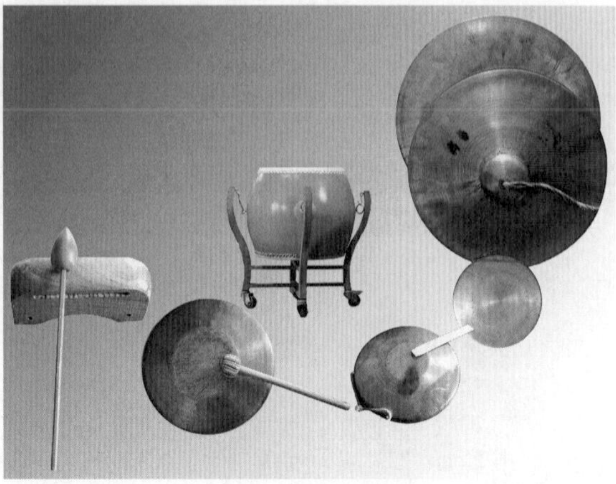

马铺锣鼓表演乐器

马铺锣鼓因起源于禄口马铺村而得名，主要流传于江宁区禄口、秣陵、谷里、湖熟等地。

初始于清光绪年间的马铺锣鼓，民国时期已赫赫有名。那时乡间朝山赶庙会，鼓手云集，只要马铺锣鼓一响，其他锣鼓班就会息鼓聆听。二十世纪二三十年代马铺锣鼓发展到鼎盛时期，锣鼓班子最多时有6组，覆盖了整个马铺村。

马铺锣鼓与众不同，别具一格：乐器的外形装饰十分讲究艺术造型，各种乐器都镶嵌着不同图案，如二龙戏珠、丹凤朝阳、孔雀开屏、喜鹊登梅，真是异彩纷呈，就连那背锣鼓的架子和锣槌、鼓座，也各缀以彩带绸穗，真是五彩争艳，富丽堂皇。主要有板鼓、堂鼓、大锣、小锣、大钹、小钹、镗锣、响板、木鱼、碰铃等器乐。马铺锣鼓以江南“鱼米之乡”的农耕为基础，吸纳了古典音乐元素，融入了民间的生产、生活、习俗及信仰，独成体系，有多种律制、调式、节奏、节拍并存，曲调结构复杂，内涵丰富；积累了《闹台头》《重风》《悠风》《骑马》《五锤》《抄枪》《单双元宝》《板子风》《鱼呷嘴》《凤点头》《金板九锤半》《跳龙门》《闹月》《翠屏山》《水漫金山》等几十种曲牌。

马铺锣鼓曲调悠扬，表现力极强，演奏起来时而如流水潺潺，时而如大河奔流；有的似群鱼呷水，有的似骏马驰风；音高处如鸾啸凤鸣，音沉处如洪钟大吕；绵绵处似清风拂柳，破碎处如珠落玉盘；可紧可慢、可密可疏、可轻可重，声音悦耳动听，心旷神怡之处更令人击掌叫绝。

马铺锣鼓女子表演队

马铺锣鼓扎根于民众之中，它用言传实做的方式传承，用独特的形式来反映人民的生活习俗和精神风貌，并得到了政府的重视。2008 年代表南京市参加“庆祝马六甲市 5 周年庆典”以及第 11 届国际马六甲欢鼓嘉年华活动，但目前老一辈艺人不断辞世，面临着失传的危机。

（张为农）

传统舞蹈

舞蹈是人类最古老的艺术形式之一。南京传统舞蹈源远流长，独具风采，既有大展宏图的阳刚之气，也有江南水乡的阴柔之美。从日常劳作到婚丧嫁娶，从宗教信仰到生老病死，南京人将生活中的民间百事融入舞蹈中。

在高淳、溧水、六合等地区，传统舞蹈种类繁多。有归迎五神、驱逐瘟疫的傩面舞“跳五猖”，有祈祷神灵赐福佑民的祭祀舞“解表”、“打社火”，有强身健体的武术舞“飞镗”、“打罗汉”、“打水浒”，有岁时节令的庆典舞“马灯舞”、“手狮舞”等。每逢年节，人们舞手狮、耍长龙、踩高跷、跑马灯，走村串户，喜送祥福；他们“抬阵鼓”、“跳当当”、“麻雀蹦”祈求风调雨顺、天下太平，用舞蹈表达生命的喜悦与欢庆。

南京传统舞蹈是江南舞蹈形式的源泉，是中华民族优秀传统文化艺术中的绚丽瑰宝。在保护和传承传统舞蹈的路上，虽然传统舞蹈得到了传承和发扬，但仍有一些由于年久失传，现在已很难看到其原始的形态。

（文　飏）

东坝大马灯

东坝大马灯诞生于高淳区东坝镇东坝村，是一种模仿战马造型的民间集体舞蹈。它兴于唐，盛于明清，世代相传，历千余年而不衰。

东坝大马灯表演一般由7匹竹马组成，每匹竹马由两名年轻、体壮、力强、灵活的男演员充任。两人须同时钻入“马腹”，前面一人扮“马头”，后面一人屈身紧抓前者的腰带，身披马架作“马身”。两人相互配合，“马头”起关键性作用，“马身”亦步亦趋，二人必须步调高度协调，表演难度很大，因此在训练阶段，要求十分严格。演员首先要熟悉真马的性情、动态、静貌;其次要苦练马步功夫，在乐队的配合下，模仿出真马的昂首、摆首、转首、吸蹄、举蹄、展身、摇尾、撑尾、舔毛等基本动作，两位演员只有达到和谐统一，才能把竹马演得生动逼真。

表演时，每匹马的马背上，分别骑着扮演刘备、关羽、张飞、赵云、黄忠、马超等三国人物的演员，在乐队的指挥下，手执兵器出征，或信马由缰，或奋蹄奔腾。表演时由跑单、双穿、列队布阵，表演十多种阵法，最后以“天下太平”四字笔画走势，把表演推向高潮。整个表演队伍计40多人，演员均为当地村民，老少三代，同台表演。

东坝大马灯表演所配合的乐队有打击乐和吹奏乐两种，打击乐是大锣鼓和十样锦锣鼓，吹奏乐有唢呐和长管铜制喇叭各两支，具有较强的音响效果。

高淳东坝村东坝大马灯表演基地

东坝大马灯具有重要的历史价值和人文价值。它在内容上体现了劳动人民改天换地的龙马精神，生动表达了人民群众对“天下太平”和谐社会的向往。同时，它也有很高的艺术价值，

大马灯跑阵图

无论是竹马的造型设计还是模仿战马奔跑的舞蹈设计，在竹马表演中独树一帜。1993年，该舞蹈在沈阳第三届国际秧歌节比赛中一举夺得最高奖“金玫瑰奖”；1994年元宵节参加了中央电视台“春节联欢晚会颁奖晚会”的现场演出。

21世纪以来，高淳区加强了对东坝大马灯的保护，制定了该项目中长期保护规划，建立了保护传承基地，实现了表演活动常态化，传承队伍年轻化，并多次应邀赴沪、浙、广、苏、豫、皖等地参加重大节庆活动。2008年6月，东坝大马灯被列入第二批国家级非物质文化遗产名录。

（汪士延）

骆山大龙

明代万历年间，溧水骆山村杨培庵考取进士，曾先后出任漳州知府、江西按察使副使、河南左布政使，后又任山东巡抚等。相传，杨培庵曾救过一条受到惩罚的小白龙，并将其带回骆山村，从此骆山村便有了舞龙的习俗。再者，石臼湖是古时丹阳大泽的一部分，骆山村百姓依湖为生，新年来临时，则在湖滩上载歌载舞、龙舞盘旋，祈求风调雨顺、人口平安，成为一种重要的民间习俗。

骆山大龙于腊月二十四起草，到正月十八落草，一共25天。起草时，先由玛咪炮放炮，召集全村百姓。起草以后要给白龙开光，先是放号炮三响，紧接着鞭炮齐鸣，锣鼓喇叭声响彻湖滩；之后摆香案、安放香炉、插蜡烛、焚香，叩拜祷告，以示请神、接神，保佑舞龙活动顺利进行，保佑全村百姓平安。开光之后，就意味着接到了神，这条龙也就有了神性。接下来，村民、外地来的亲属、一些民间团体都要给白龙挂红：取一尺红布悬挂于龙首，有祝福和祈福的意思，这时就可以开始正式舞龙了。除了本村以外，舞龙队还会到周边的山南村、孙家巷村、杨家村、漆桥镇及溧水、高淳等地去舞龙。根据当地习俗，舞龙时不能吃荤和饮酒，个别虔诚的人家会在整个舞龙期间都不食荤、不饮酒，以示敬神。

舞龙主要分为跳珠、跳龙、跳云三部分。跳珠，掌珠人在前引导龙首前行，掌珠人手持火红龙珠，百般引诱挑逗，大龙在掌珠人的引导下高低起伏，进行各种表演。跳龙，因龙身巨大，跳龙人需分作两队，一队跳龙，另一队则稍事休息，两队交替上阵，轮番表演。其阵式有“巨龙摆尾”、“一字长龙阵”、“盘旋阵”等。跳云，由66名8岁至12岁的男童表演，身着彩衣、彩帽，脚穿绣鞋，每人分别手持两块绘有云彩的云板，在龙身围起的空场中进行表演，分为图阵和字阵两种。图阵有“双龙出水”、“满天星”、三角形、五角形等各种阵式，以表达美好的愿望和祝福。

骆山大龙的制作工艺相当讲究，主要步骤有扎制龙身骨架、糊纸、彩绘等。龙头高 2.3 米、宽 2.2 米，龙身共 24 节，每节长 2.8 米，整个大龙体长将近百米。骆山大龙舞龙的时间正值冬季枯水期，有大片湖滩可以利用，骆山大龙龙身巨大，参与者达 500 人之多，有“江南第一大龙”之美称。

2008 年，骆山大龙被国务院列入第二批国家级非物质文化遗产名录。

（陈　念）

长芦抬龙

长芦抬龙走村串巷进行表演

龙是中国古代传说中的神奇动物，龙的传说和龙文化是中华民族最具代表性的文化象征之一。龙舞在全国各地广为流传，而流传在高淳区的长芦抬龙颇具地方特色。

高淳长芦（杨家）抬龙是以制作精美的板龙为道具的民间舞蹈，已有800余年历史，在当地享有“龙中之冠”的美称。据史料记载，居住在石臼湖畔的杨氏家族，为北宋末年南迁移民，系杨家将后裔。杨世祖千一公首倡兴办龙灯会，聘请地方能工巧匠设计制作红、黄、青、白、黑五条抬龙，春节期间在村中盘舞，祈求风调雨顺、国泰民安。后因耗资太大，至咸丰年间减掉青、黑二龙，保存红、白、黄三龙，红龙代表阳光普照，白龙意为风调雨顺，黄龙预示大地丰收。

长芦（杨家）抬龙，其龙头、龙身、龙尾下均有木板托置竹扎布蒙龙身。木体分块连成24节，每节长约2米，龙头高达3米，龙尾高跷约2米，头、身、尾连接处有转环孔装置提把，全龙配齐，每条约60米，每节龙身有6到8人更替抬舞。舞龙队加上仪仗队、吹打乐队、旌旗队等有千人左右，可谓声势浩大。

舞龙者的装束按三条龙的颜色分别着装，头扎英雄巾、鱼鳞式裹腿，绣花布轻便鞋。舞龙出动时，先整队就绪，待铳炮轰鸣、锣鼓喇叭鸣奏后，老者提灯笼领头，青壮年持竹片火把，红、白、黄三龙依次缓行，井然有序。抬龙至盘舞场地，先是受香火爆竹拜祭，然后按“四门八柱”排列。

长芦抬龙高大的龙头

随着“呜哆哆”的喇叭声，先由黄龙进行“打饼”（即“堆稻饼”之意），龙头用挡叉高高举起，龙身随龙头盘贴，再逐渐摇摆龙头，扭动龙身，摆动龙尾。同时红、白二龙一左一右绕圆圈快速穿游于黄龙四周。此时随着内、中、外三个圆圈的线游，高抬与低跑的流转，吹打乐的鸣奏，观众的轰动，舞龙者互相催嘱“拉圆了”，顿时全场情绪高涨，喝彩声声；待至卸“饼”复状减速缓行盘舞告终。若是晚间舞龙，龙影与灯光映衬，更有一番壮丽景象。

长芦（杨家）抬龙具有势大、形美、声茂、律严的基本特征，同时具有较高的人文价值和艺术价值。抬龙的传人都是杨家将后裔，龙舞体现了他们忠心报国的家国情怀；在抬龙的制作方面，采用民间工艺，尤其是龙头上绘有大量戏剧人物，风格独特。

近年来，当地政府在长芦（杨家）村建立了项目保护基地，保护传承工作得到进一步加强，每逢新年伊始，龙腾芦水，舞动春光。2009年，长芦抬龙被列入江苏省非物质文化遗产名录。

（汪士延）

栖霞龙舞

2009年“文化遗产日”开幕式上表演栖霞龙舞

栖霞地区向有龙舞传统，按照龙舞道具的分类，有两种，一是柴龙舞，一是布龙舞。

栖霞历史上的龙舞，多以柴龙为主，民间俗称玩龙灯。栖霞的玩龙灯始于明代龙王山上龙王庙的民间求雨活动，主要集中在摄山东南面的龙王山周围。每到元宵节，家家都要上龙王山出会，祭拜龙王，形成了家家玩龙灯的习俗，成为元宵节的一种民间娱乐活动形式。栖霞柴龙的龙舞道具，是一种组合式的龙，龙舞者人肩一节。其流传方式很有特色，平时龙身分户保管收藏，家家都把龙身收藏在屋梁上，逢到过年时取下；玩龙头的挨户轮流做庄，轮到谁家做龙头，谁家就像有莫大的荣耀似的，其时将整条龙架在门前，龙头前还供着香火，亲朋好友带着礼品前来庆贺，热闹非凡。舞龙时，若龙头家年轻人外出，家中即便是五六十岁的老人也要披挂上阵，担当起舞龙头的重任。

由于柴龙仅适宜夜晚表演，社会上还需要龙舞参加白天的庆典活动，所以栖霞地区又发展出了具有江南特色的布龙舞。布龙不似分节保管的柴龙，而是一条整龙，多出现在街镇上，一般都由地方政府或厂矿企业出面组织，年节时形成高潮。

改革开放以来，栖霞龙舞这一民间艺术得到进一步弘扬，活动率先在古江乘县治所在地江乘村恢复。一到元宵节，江乘村的村民自发组织扎起一盏盏龙灯，夜幕下的江乘村成为不夜天，仿若一场流动的灯展，

在汉中门广场表演栖霞龙舞

引来四邻八乡，连周围句容、江宁的村民也慕名前来观赏。

20世纪80年代，江苏电视台拍摄了关于江乘龙舞的电视片，作为南京与意大利佛罗伦萨、南京与日本名古屋等友好城市文化交流的内容，从此，栖霞龙舞走出了自己的天地，飞向了更为广阔的空间。2010年，栖霞龙舞应越南承天顺化省邀请，参加了国际文化旅游节的演出。2014年，为庆祝中法建交50周年，法国摄影师在栖霞龙舞发祥地拍摄纪录片《龙的重生》，用于中法文化交流，当时参与龙舞狂欢的人达3万多。2016年春节期间，栖霞区还特制一条柴龙，走出国门参加在西澳洲首府珀斯举行的“中华新年文化节”活动，栖霞龙舞艺人还在珀斯开展了龙舞艺术培训活动。

30年来，栖霞龙舞注重体现民族性和时代感，在传统龙舞的基础上，大胆创新，形成特色，以《九龙欢腾》等大制作群龙舞表演获得中外嘉宾的广泛好评，先后应邀参加的国际、国家、省市级各类重大庆典活动达千余场，获得了“国安杯”中华舞龙大赛金奖及中国民间艺术最高奖“山花奖”。目前，栖霞龙舞已被列入江苏省非物质文化遗产名录。

（管秋惠）

小马灯

小马灯，又叫串马灯、跑马灯，它的起源与古代驻军有相当大的关联。在长芦这地方，宋代设有忠勇军寨牧马场，明代设有留左、横海等卫所。饲养马匹的马氏宗族，原为大西北人，属回族，随皇家兵营迁徙来南方，屯兵于六合长芦地区牧马营。

有一年，长芦寺灯会（俗称普放花灯），方圆几十里的各路花灯、龙灯、车灯、驴灯等等汇聚于长芦寺。观灯的场面是人山人海，锣鼓喧嚣，人声鼎沸好不热闹。这时，突然传来一阵马的嘶叫声，只见一队骏马直冲灯会场地而来，带头的是一匹枣红色高头大马，紧随其后的是6匹不同颜色的骏马，列队整齐，围绕着表演区域，奔跑徐疾有序，观众见状纷纷避让，很快将场地空出了许多，恰使各路花灯表演队展开身手。最令人惊奇的是仿佛从天而降的“神马”，时而前蹄腾空嘶鸣，时而跳跃，四蹄生烟，令观众惊叹不已。

传说这些马是马氏先祖马良、马干兄弟驯养的良种骏马，它们体大、色纯、性烈，非常通人性。马厩离会场不是很远，庙会的喧闹声使得这些骏马按捺不住，枣红大马带头跳出马厩并排着队冲进了会场。

从此以后，长芦寺灯会就传承了这个神奇的马队参演项目，用竹、布制作成马灯来代替参加灯会的马匹，于是长芦寺庙会便多了一个“小马灯”的表演项目。在后人的延续下，其后表演形式又分“闹场”和“静场”两种。闹场分三个套路：奔腾式、套链子、串8字。静场，是观众有了固定观看舞台式的场地，其套路是以“数字”连演成趣，如“一马当先”、“二马窜宫”……可惜，现在舞蹈已失传。明清之后只传承了“闹场”的三个套路。马背人物已固定以古装戏剧人物为主，如《三国》《水浒》《西游记》《白蛇传》中的人物等。

“小马灯”这一古老的民间灯舞和它的起源故事，表达了古代军民联谊的火热情怀，也是古代民俗、民风的活记忆。

（王　利）

独树一帜话手狮

在南京汉中门广场表演手狮舞

中国狮舞，又称“舞狮子”，向来分为“南狮”、“北狮”两大流派，二者均是把表演者覆在狮衣中进行表演。江浦手狮却别出心裁，将狮子舞于手中，既能独舞，又能群舞，具有鲜明的地方特色。

在江浦手狮的原发地永宁街道侯冲村，每逢春节，手狮表演者由村中最有名望的长者（即狮子头）召集，在朱家大祠堂集中，先行烧香拜烛礼。在长者的带领下，众舞者口中念念有词，共同祈祷新年五谷丰登，六畜兴旺，家家幸福。

祈祷结束后，众舞者在狮子头的带领下，列队有形，手握狮子，整装待发。此时，鞭炮齐鸣，锣鼓开道，手狮舞就要进村挨家挨户地进行表演了。

在手狮舞的表演过程中，表演队和村庄、农户之间有一条不成文的规矩：手狮舞无论到哪个村表演，不进村便罢，一旦进村，则不论该村农户大小、贫富、远近，都要挨门逐户玩遍为止，这叫“宁卯一村，不卯一家”；所有农户对手狮舞者都要自觉答谢，答谢不论多少，表演者均不计较。待到整个节庆活动结束后，所有的手狮都要送至祠堂中保存，来年再舞。

江浦手狮舞是浦口地区劳动人民传承了几百年的民间优秀文化遗产，其主要特征：一是人狮合一，仿生娱人。表演者和手狮有时候表达的全是狮子的憨态或勇猛，有时候则是表演者和狮子的相互逗乐，娱己娱人。二是技艺简约，语汇生动。手狮道具轻巧灵动，表演者动作得心应手，

2012年在淮安举办的江苏省非遗保护成果展演上表演

故而舞蹈语汇生动，如“转背流云”、“翻身搏鹰”、“蛟狮盘柱”等，都能直观地表达舞狮者的思想情感。三是轻巧灵动，翻飞自如。因手狮舞主要是人举着狮子玩，故而解放了表演者的面部表情，与手脚配合运用，显得十分灵巧生动，活泼自如。四是造型憨态优美，色泽艳丽古朴。道具手狮的造型憨态可掬，其色彩既有强烈对比的艳丽，又不失乡村美术的古朴典雅。

江浦手狮，作为明清时期遗留下来的一支传统舞蹈，在当代促进邻里团结、激发人们积极向上、构建和谐社会等方面仍然发挥着重要的艺术价值及人文价值。

（袁　铭）

铜山高台狮子舞

2009年在南京博物院举办的“文化遗产日”开幕式上表演

铜山高台狮子舞主要流传在江宁区禄口街道铜山及周边地区。它表演时除表现狮子舞常见的动作外，区别于其他狮子舞的最大特点是：在三张桌子高度的桌面上表演多种惊险、难度大的动作，被称为高台狮子舞，1985年被载入《中国民族民间舞蹈集成》。

铜山高台狮子舞历史悠久。根据曹村王氏家谱记载，村头三郎庙(始修于南宋咸淳年间)，彼时每逢庙会，四方云集于此，跳灯舞狮。可见早在南宋时期铜山一带即有舞狮的习俗。清光绪年间，铜山地区民间再兴舞狮之风，以求保人口平安，六畜兴旺。新中国成立后，铜山曹村、彭福村、沈庄等地有多支群众自发成立的舞狮队。20世纪60年代以后，沈庄的沈庆喜、沈庆年，曹村的王惠荣、王化根、王洽青等武狮艺人，通过他们不断努力，高台的高度由一张桌子增加到三张桌子，创新出“飞跃下探”、“海底捞月”等精彩、惊险的动作，形成了现在与众不同、独具特色的铜山高台狮子舞。

铜山高台狮子舞技艺高超，动作细腻，憨态可掬，动作以武戏为主，文武兼之。文戏有“搔痒”、“理毛”、“张望”、“打招”，武戏有跳越、跌打、翻滚、登高等。整套狮舞分为地滚、高台两部分。表演时腾、闪、跃、扑、滚，特别是能在6张(底层3张、中层2张、高层1张)叠起的方桌上，

在江宁社区表演狮舞

活灵活现地把狮子的喜、怒、哀、乐、咆哮嘶鸣、逗乐打趣，表现得淋漓尽致。舞蹈技术难度高，动作惊险，造型逼真，活泼有趣，一气呵成，充分表现了狮子威武、勇猛、矫健的形态。

铜山高台狮子舞，曾多次参加省、市、区各级的演出和赛事活动。1993 年参加“南京金陵文化庙会”比赛获优秀表演奖，夺得“红花杯”。2002 年参加“金陵舞韵”南京市广场民间特色表演团队汇演获得金奖。此外，高台狮子舞还活跃在省、市、区各级重大节日汇演的舞台上，受到社会各界的高度赞赏，2009 年 6 月被江苏省人民政府列入省级非物质文化遗产扩展项目。

近年来，禄口街道和江宁区文化部门，在当地的中小学中培养了一批舞狮小队员，使高台狮子舞这一民间舞蹈得以传承。现在，每逢年节，舞狮队坚持走村串户表演，为当地群众所乐道。

（张为农）

跳五猖

高淳祠山庙会上的跳五猖表演

傩又称跳傩、傩舞、傩戏，是一种神秘而古老的原始祭礼。傩神，传说中驱除瘟疫的神，由演员带上木面具扮演，用反复的、大幅度的程式舞蹈动作表演，极具原始舞蹈风格。高淳跳五猖就是一种原生态的傩舞，“五猖”即东、西、南、北、中（青、赤、白、黑、黄）五方之神，意在降妖除魔，保五方平安。

根据明嘉靖《高淳县志》记载，从明代起，跳五猖已在高淳流传，每逢祠山庙会都要进行跳五猖表演，传承至今，主要分布在高淳椏溪镇、固城镇以及古柏街道。

椏溪跳五猖主要角色设有 9 人，除了五方猖神，还加入和尚、道士、城隍爷、土地神等角色，共同参与祭祠山仪式。在表演时，道士着青灰道袍，右手折扇，左手提拂尘，仙风道骨；和尚着黄袍、披袈裟，手掌折扇遮日，姿态稳重；判官着青袍官服，双手执扎马，形象威武；土地神着黄色文士袍，左手提拂尘，右手执龙头杖，老者风范。他们均按规定套路表演。五猖神手持双刀，表演各种阵法，主要有“破猖阵”、“双龙出水阵”、“拉进堂阵”、“满天星阵”、“天下太平阵”五种阵法。

固城镇跳五猖系武术性亚舞蹈，表演者面带猖神傩具，手持各类刀枪剑戟，全按武术套路表演，凶悍凌厉。

古柏跳八恺，是别具一格的傩舞。表演者除了八位猖神之外，还加上了“孙悟空”、“二郎神”、“散财童子”。表演时，八位猖神手持钢叉，按对打、群打等武术套路进行，然后其他演员相继登场，在“孙

2012年在高淳国际慢城表演

悟空”收取猖神钢叉的打斗中结束表演。

高淳跳五猖具有重要的历史价值、艺术价值，为研究江苏古代傩文化提供了佐证。同时高淳跳五猖与祠山庙会如影随形，因此对南京地区的民俗研究具有重要参考价值。1984年，高淳跳五猖入选《中国民族民间舞蹈集成》，2009年被列入江苏省非物质文化遗产名录。

近几年，高淳跳五猖得到了进一步保护和传播，多次赴南京、上海、浙江等地表演，在江南一带有很大影响。

（汪士延）

麻雀蹦

麻雀蹦是由人模拟秋收后麻雀在稻场上欢蹦啄食的形态边舞边鼓而得名。该舞流传于江宁方山一带，亦称方山大鼓，是江宁最早被载入《中国民间舞蹈集成》的民间鼓舞。

麻雀蹦源远流长，相传发源于明末方山脚下陶家庄，创始人陶正昌。陶正昌早年跟随闯王李自成南征北战，不仅练就一身好武艺，而且打得一手熟练的河南“得胜鼓”。天京失陷后陶正昌逃亡陶家庄，为纪念心中的英雄，同时又要蒙蔽朝廷地方官吏，他利用方山三月初十庙会，鼓手模仿丰收年景麻雀飞进场头尽情嬉戏的动作打起了“得胜鼓”，以示求神纳福、五谷丰登。这大概是麻雀蹦的雏形，后年复一年逐一完善。岁月沧桑，时代交替，鼓舞、鼓名、服饰在变，但它的基本动作和鼓点的表演风格始终未变。

麻雀蹦表演时一般用12面大鼓、12面大锣，辅之以伞、旗、幡。与其他众多传统鼓舞比较，麻雀蹦独具匠心，别具一格。

首先，击鼓方法别具一格。一般情况下，鼓手击鼓采取站立式，上下直捶，而麻雀蹦鼓手击鼓时，均成马步姿态，贴鼓半蹲，昂首挺胸，横握鼓槌，采用上下来回滚动点擦击鼓，这样击鼓不仅便于跳跃，移动自如，而且鼓声特别浑厚动听。

其次，鼓舞语言形象逼真。丰收稻场上麻雀欢蹦啄食的动作，被编成“瞭望”、“腾挪”、“亮翅”、“展翅”、“啄稻”、“抱窝”、“雀跃”等舞蹈语汇，贴切自如，表演形象、逼真、生动。

再次，鼓点编排刚柔交融。麻雀蹦有南北鼓点兼而有之的特色，早年打的是河南“得胜鼓”的鼓点，后来受到了南方“十番锣鼓”的影响，改以“七五三”的打法为基本鼓点，既有北方鼓乐的豪迈，又有南方鼓乐的婉约。

最后，锣鼓配合相得益彰。麻雀蹦中的鼓、锣既是鼓舞道具，又是伴奏乐器，鼓声浑厚，鼓点简洁生动，锣音清脆，节奏稳健有力。

2009年在“庆祝建国60周年江宁民间文艺展演”上表演

麻雀蹦久盛未衰得益于其深深地扎根在乡间、民间，300多年的发展赋予了它丰富的文化内涵，对于当时的民风、民俗以及传统文化的研究有其重要价值。

新中国成立后，地方政府采取了一系列保护措施，多次对麻雀蹦加工、整理，并组织专家进行学术研讨。20世纪50年代麻雀蹦成为单独的表演形式。1983年，江苏省歌舞团对其进行了加工改编。1999年江宁县文化馆组织专人对其进行重新编排，更新道具，创新表演套路，参加了“中华龙腾”江苏省民间广场文艺大赛，并获得二等奖。2007年麻雀蹦被江苏省人民政府列入首批江苏省非物质文化遗产名录，为麻雀蹦的传承营造了良好的传承环境。现在，麻雀蹦已发展出少儿队、军营队等多支表演队伍，这一古老的民艺奇葩正焕发出璀璨的光芒。

（张为农）

长乐龙吟车

高淳区淳溪镇长乐村的龙吟车，以车命名，又称林灵车、辚辚车，属民间集体舞蹈，源于唐，兴于明，一直在该村流传。

龙吟车是怎么来的呢？当地有个传说，说的是唐玄宗每逢春季，就带着杨贵妃乘着高大马车出游踏青，并伴以鼓乐歌女随行。位于石臼湖畔的杨家村杨氏和杨玉环同宗同脉，对杨玉环有着特殊的情感。而与杨家相邻的长乐村夏氏，又与杨氏世代结有亲缘。为了增进友谊，明洪武年间，在杨、夏两姓族长的倡导下，根据唐玄宗、杨贵妃的故事而举办“龙吟车”壮游活动，形成惯例，于早春二月开展活动。

龙吟车主要道具是高大的木结构独轮车。车轮直径为 143 厘米，车轮中轴为小轮盘，直径 40 厘米。车身高 330 厘米，车上配装木雕龙形，长 43 厘米，龙形雕刻精美，昂首伸爪，曲身翘尾，形态生动。车身两侧立两护杆，长 784 厘米，全车总重量达 500 多公斤。

出车时先由 6 名着唐代装束的勇士扶握车侧木把，稳住车身，再上两名武将站立在车身两侧踏脚处，两个武将中间站立一个文官。车身上部木雕龙尾处站立一人撑大黄凉伞，高 440 厘米。车身在鸣锣放炮声中启动，有 6 人一起推动车轮滚动缓行。

龙吟车表演

龙吟车的高大特征，还表现在八面布质长旗（俗称“蜈蚣旗”）的配置上。每面旗高达 870 厘米，并书写上长联。执旗者均为青年壮汉，器宇轩昂。旗队为龙吟车开道，随后有 12 名挑花担的少女，接下来是四顶台角，台角上安放着各种泥塑神仙。龙吟车表演沿村中巷道行进，整个行程约有 5 公里，观众达数万人，大车轮滚动声、小车轮吱嘎声、大锣大鼓声、观众欢动声，声势浩大。

龙吟车的造型独特，在江南地区独一无二，体现了民间艺术的创造性。在表演内容上，龙吟车把唐代的历史传说与民间艺术表演有机结合，具有较高的人文价值。2009 年列入江苏省非物质文化遗产项目。

龙吟长乐，播唐朝雅韵，锣鼓喧天迎盛会；车碾村衢，扬石臼渔歌，旌旗映日绕祥云。在保护传承民间舞蹈的征途上，长乐龙吟车正沐浴着时代的春风，滚滚向前。

（汪士延）

沛桥高跷

沛桥高跷戏剧人物造型

高跷是一种广泛流传于全国各地的民间舞蹈，因舞蹈时多双脚踩踏木跷而得名。高跷历史久远，《列子·说符》中已有记载。高淳区东坝镇沛桥高跷已流传几百年，是当地群众喜闻乐见的传统舞蹈。

沛桥高跷队由十几人组成，高跷以两根85厘米左右长的木跷杆做成，中间钉耳，上装踏板。踩跷人将脚置于踏板上，再用绳子将跷杆紧缚于双腿，然后立起即可行走。表演者分别化装成生、旦、净、末、丑诸角，扮演某个古代神话或历史故事中的角色形象，舞者服饰多模仿戏曲行头；常用道具有扇子、手帕、渔网、刀枪等，在锣鼓音乐的伴奏下翩翩起舞，舞姿以雄健、惊险为主，常常表演跌扑、翻滚、劈叉等高难度动作，传统表演内容主要有《桃园结义》《三顾茅庐》《夜读春秋》《三戏白牡丹》等四场36个曲目，演出形式主要是布阵，最后以“天下太平”摆字收场。

沛桥高跷的传统演出在春节期间，至上元节后结束，而且仅局限于本村表演。改革开放以来，这种情况发生很大变化，表演队伍经常走出家门，积极参加各项社会文化活动，先后赴南京、上海、苏州、周庄等地演出。

2009年，沛桥高跷被列入江苏省非物质文化遗产名录。近几年来，在省、市有关艺术家指导下，沛桥高跷在音乐、舞美和内容等方面进一步改进，地方政府加强了沛桥高跷的队伍建设和传承人培训工作，使这“高人一等”的民舞奇葩越开越艳。

（汪士延）

竹镇高跷

踩高跷是六合竹镇一带盛行的民间传统表演，每当逢年过节或办喜事之时，平日里安静的街巷一下子锣鼓喧天，热闹非凡起来。远远地，有一群“巨人”走来，他们身着彩衣，腰带飞扬，分成两组，每组七人，分别手舞一红一绿两条彩色大龙，中间另有一人手持一龙珠，两条巨龙在龙珠的指引下不停舞动，进退自如，各种高难度动作舞的是得心应手，场面甚为壮观。走近一看，更令人称奇，原来站在80公分高跷上的居然是15名亭亭玉立、风姿窈窕的青年女子。她们如履平地，合着热烈的锣鼓节奏“游龙”上场，在高跷上不仅能舞龙、玩灯、还能表演民间文化《观音出征》中的“双龙戏水”、“花好月圆”、“河蚌戏渔翁”等传统节目，集歌舞、体育、杂技于一体，堪称一绝。

追溯竹镇高跷的起源，清朝李敬《竹镇纪略》记载：“正月十五上元夜点诸花灯、踩高跷。十三起，十八止……”清代以来高跷就在竹镇流行。20世纪80年代，六合县文化馆业务干部到竹镇送驾盂州地区采风，发现了这一具有传统民间特色的踩高跷表演，几番努力后将其整理恢复，并将过去男子踩高跷改为女子踩高跷，命名为竹镇女子高跷。

近些年，随着生态旅游的开发，竹镇高跷愈发活跃起来，竹镇高跷女子队的队员们更是春风得意，她们不仅在竹镇为来自四方的宾朋、游客表演，还经常应邀参加省内外各类演出活动。

女子高跷队还特别挖掘整理新编了“龙凤呈祥”组合高跷表演节目，在一米高跷上，表演“滚龙”、“腾龙”、“戏珠”、“双龙绕柱”、“龙凤齐飞”等一整套高难度套路，让人目不暇接、震撼不已，真正领略到女子高跷“龙飞凤舞”的英姿华采。

竹镇女子高跷队，分别于2003年、2015年两次代表江苏省参加全国少数民族体育运动会，获得优异成绩。竹镇高跷已被列入省、市非物质文化遗产名录。

（王　艳）

跳当当

跳当当主要分布于溧水区东屏镇爱廉、爱民、凉蓬、堡星等村及句容市郭庄、葛村等周边村落，江宁区、溧阳市等地部分村落也有分布。东屏爱廉村、爱民村一带地势低洼，水灾频发，为了祈求风调雨顺，生产丰收，当地村民便常于正月或农闲时举办各种敬神祭祀活动。据说早在汉代，此地就兴起了“跳当当”这一富有地域特色的民间祭祀舞蹈活动。明清以来，尤为兴盛，逢年过节或庙会期间，周边村落都要组织当当队，参与祭祀活动或巡游表演。

跳当当首先要“收草”，与一般民间活动结束时的“收草”仪式不同，这里的“收草”是接受青茅的意思，这有着非常悠久的历史。开始时村中户户都要摆设香案，香案很简单：用一只矮脚凳，缠上红纸，并放置供品，无非是水果糕点之类，同时还要在凳上放一束茅草。当当队必须在村中每家每户门前经过，将凳上的茅草收起，谓之“收草”。收草之后，当当队便来到村中空场，载歌载舞，欢度新年。

一个当当队有一到两只“当当”，起指挥和核心的作用。起舞时，持当当者居于队伍中间，四周是鼓队，鼓队之外又有锣队。以当当声为令，当当一响或双响，锣鼓队则伴以相应的锣声、鼓声。持当当者要互相呼应，在场地中央做出各种令人眼花缭乱的动作，有单脚站立，称金鸡独立，或相互斗耍、或腾挪、或闪避，称野鸡蹦，或在场中翻跟头，称翻斤斗。此时，四周锣鼓队也变换相应的阵式，如“八卦阵”、“梅花阵”、“一字长蛇阵”等等。鼓声时舒时急，锣声时高时低，舒缓时如风轻云淡，步履优雅，当当声清脆而动人；急促时似月黑风高，猛如骤雨，锣声、鼓声大作，似有千军万马奔腾而过，此时持当当者在场中旋转、对舞，动作越来越迅疾，全场气氛达到最高潮。最后，持当当者高举“当当”，“咣”的一声脆响，全场锣鼓声戛然而止。

当当队要预备大、小龙凤旗，华盖（当地人称凉伞）、铳及锣鼓等。当当，是主要道具，起组织与核心的作用，直径约 15 至 20 公分，无锣心，以木棍敲击，声音响而脆，以其声“当当”而命名。锣，根据用途及形状的不同，分为开道锣、报（抱）锣、京锣、洗锣等等。鼓，有大鼓、小鼓、板鼓和鸭蛋鼓等等，此外还有大镲、小镲等辅助乐器。

跳当当主要有“龙凤胜会”、“野鸡蹦”、“牛擦背”、“羊触角”、“牛打湾”、“蚯蚓”等形式，民间统称跳当当。队形的保持上，基本上维持正三角形。此舞原有“三十六势”，遗憾的是，由于年久失传，现在已很难看到原始的形态了。

（陈　念）

柘塘打社火

在南京国际梅花节开幕式上表演

宋元之后，北方人口大量南迁，不仅带来了先进的生产技术和文化，也将中原地区的许多民俗一并移植了过来。柘塘打社火就是这种文化交融的产物，是经济相对发达、市民生活较为安定、消化吸收北方文化的结果。

柘塘打社火主要以柘塘、乌山、群力为中心，包括共和村、艾元村、孙家村、梅山村等村，号称“柘塘四十八村，村村有社火会”。“社火”又称“社鼓”，“打社火”是流传于溧水柘塘镇一带的一种民间祭祀舞蹈，于除夕至来年元宵节期间进行表演，目的是祛邪驱鬼，祈求风调雨顺、四季平安。打社火历史悠久，相传起源于南朝时期，明清时期柘塘打社火达到了鼎盛阶段，以致村村组织社火会，户户要出人参加社火表演。

柘塘打社火多为春节期间集中在柘塘老街上进行表演，表演内容主要分为四部分：其一是炸街，各支社火队边行走边表演，各家店铺、市民则罄其所有，燃发烟花爆竹以示庆祝，当地人形象地称之为“炸街”，同时又寓有红红火火、兴旺发达的意思；其二是跳鼓，炸街过后，开始表演跳鼓。48支社火队依次来到镇前广场上，各摆阵势，由手持当当（小锣）者一人立于阵中，抬鼓者排列于内圈，敲大锣者列于外圈。整个活动由当当调度指挥，当当声一起，然后才有锣鼓声跟随。随着节奏越来越激烈，气氛被推向了高潮。突然，当当、锣声、鼓声一起停止，称作煞鼓，如此算作一场；其三是冲街，正月十五，各支社火队一字排开，三通鼓响，精壮的大汉身背大鼓，发一声喊，冲向街西头的万年台，先到者拔得头筹；其四是甩鼓，冲街之后，还要表演甩鼓，将大鼓一层层叠加起来，约有一层楼的高度，甩鼓的青年从同伴肩上跃到鼓上站立，一手叉腰，一手将鼓高举头顶，来回甩动。此外还有抛鼓、变阵等各种表演形式，从中可以感受到古代先民彪悍刚猛的个性特征。

在南京朝天宫广场举办的中国民间艺术节上表演

每支社火队均需配备旗、鼓、锣、伞。旗为龙旗，上用五彩丝线绣着蟠龙、麒麟、貔貅、蜈蚣等图案，寓有勇敢、刚猛、强大的意思。鼓为腰形大鼓，根据演出阵容需要可多可少，多则七八只，少则一两只。锣分为大锣、小锣两种，锣以外还有伞，这个伞就是古时所称的华盖，是全队的灵魂，或进或退，或前或后，都要围绕着华盖来进行各种表演。

柘塘打社火在历史传承过程中，既保留了许多北方民族的民俗传统，又受江南文化影响并结合地域特点，融合成独特的艺术表演形式。这种两人抬鼓、双面击打的行街表演形式为江南地区所独有，具有很高的艺术价值。

（陈　念）

砖墙打罗汉

叠罗汉表演

砖墙打罗汉，又名叠罗汉。自南宋以来，打罗汉在高淳区砖墙镇洪户村一带流行，属于武术性亚舞蹈。

南宋早期，宋高宗为了抵御金兵，曾昭示“凡乡民习武有成者可聘入伍为业”，并可享湖田、圩田轻赋优惠。地处江南圩区的砖墙镇，习武之风由此盛行。清代早期，朝廷下令禁止民间习武，为了“避嫌”，习武便借助集体舞的形式在民间传播。在武打过程中，特意安排“嘻嘴罗汉”，舞动少林罗汉拳，多次穿插其间，插科打诨，增加谐趣，故而取名“打罗汉”。

打罗汉的表演，多用真刀真枪，实战实打。表演过程分“打斗”、“堆叠”两部分，以粗犷、刚劲、精悍见长。

打斗部分分徒手和器械二类，又各分单打、双打、联场、对打四种。表演节目有“八字阵”、“一字阵”、“白手破枪”、“板凳花”、“六路枪”等等。

堆叠部分以一大力士为基座，在他的左右上下，挟附攀登 7 个精壮青年，前后进退，运转自如；周边另有 4 人滚翻伴舞，随着音乐的节奏由慢到快，将全场气氛推向高潮；随后又由 10 人组合重叠表演“箍窄盆”、“荷花瓣”、“装马”等杂技，表演技巧、难度都很高。

砖墙打罗汉的主要特征可以概括为真、险、紧、劲、趣、奇，所用道具刀枪棍剑皆为真实器械，是融武术、戏曲、杂技等艺术于一体的表演形式。它已流传 800 多年，从一个侧面反映了高淳水乡的社会风俗。

打罗汉表演

它有一整套的口诀歌，易懂、易记、易学，老少皆宜，容易形成新老交替，代代相传。

砖墙打罗汉，亦武亦舞，独树一帜；宜老宜幼，传载千年，具有一定的历史价值、文化价值。2011 年，砖墙打罗汉被列入省级非物质文化遗产目录。

如今，当你走进高淳区砖墙镇洪户村，时常会看到一些精神矍铄的白发老人，在村前广场上对年轻人传授打罗汉技艺，刀光闪闪，掌声阵阵，形成了一道独特的风景线。

（汪士延）

骨牌灯

骨牌灯演出

骨牌灯是六合龙袍一带独具特色的传统舞蹈，自元朝问世后曾盛行于明清，民国时期也风靡一时。2000 年又被重新发掘整理，恢复表演。

为了让骨牌灯重现江湖，年逾七旬的骨牌灯传人张光祖老先生吃尽了苦头。他砍倒了家中直径 1 米的泡桐树，自己掏钱请木匠扎骨架；出门捡来无数个香烟盒，用来模仿长方体的骨牌灯，一有空就琢磨数字排序，有了想法就写在烟纸的背面，攒下的烟盒叠起来约有 5 米高。历经数月，他终于复原出了一套原始骨牌灯。

骨牌灯是一种精制的长方体灯，灯的一面标着骨牌的图案，另一面是字或画，灯则采用煤油做燃料。按照民间游艺的 32 只骨牌做成彩灯，并在配对上标红、黑两色的天、地、人、鹅、长等圆点，分别代表梁山各位英雄好汉。每盏灯以一名梁山好汉如晁盖、宋江、吴用等人名命名。32 位灯手穿戴各自的英雄好汉服饰和道具，在令旗指挥下，锣鼓齐鸣，时而“一字长蛇”、“二龙出水”，时而“五子五顺”、“满堂八点”，时而“地地丁”、“人人红”，按数十种规范套路变换队形，形成变化多端的图案组合和字画内容，队列壮观，场面气派。同时扮作戴宗和时迁的是两只板凳牌，专演小丑角色，穿插在各种套路组合里戏闹逗趣，更增许多诙谐和热闹。

逢年过节时，锣鼓乐队近 45 人的表演队伍，浩浩荡荡而来，热闹非凡，骨牌灯所到之处，倍受老百姓欢迎。

张光祖家的传统骨牌灯

随着时代发展，龙袍人把这一传统民间舞蹈与地方特色美食相结合，灯的一面以龙袍盛产的螃蟹和蟹黄汤包形状代替原来的点数，另一面则贴上宣传标语，如“恭喜发财”、“抢抓机遇”、“跨越发展”等，又名“字牌灯”。为了不让骨牌灯再度消失，张光祖把自己家中的房子腾出一间来，专门陈列原始骨牌灯，成了一间小“博物馆”。

骨牌灯作为一种民间传统的表演形式，在流传过程中，通过民间艺人的不断改进和创新，被赋予新的内涵和特色，充分显示出它那朴实的民俗性、独特的技巧性和精美的艺术性。

2007年，骨牌灯被南京市人民政府列入首批南京市非物质文化遗产名录。

（王　艳）

泥土芬芳茶山会

2005年春节期间演出场景

舞是心之韵，形之艺。汤泉茶山会，亦称采茶舞，为浦口汤泉地区从茶山走出来的还散发着泥土气息的民间舞蹈，最早是由青年男女在茶山采茶时谈情说爱演化而来的。

民间舞蹈往往受到民风、民俗的影响，一般都具有很强的“故事性”和“戏剧性”，是一种“剧情化”的舞蹈艺术形式。在茶山会表演中，它有上山、采茶、倒茶、试担、下山等固定套路，但在舞、唱、说、逗的过程中又掺杂着灵活诙谐的即兴表演，给人们展现出茶郎茶女们一边采茶一边谈情说爱的劳动场面，生动有趣，纯朴清新。

采茶舞在浦口汤泉非常地深入人心。从前汤泉人几乎个个都能哼上几曲或扭上几下。每到腊月农闲的时候，茶山会负责人便会召集组建戏班子。戏班子成员一般由12名茶婆子和1名茶郎组成，再加上吹拉弹奏的民间乐手，一个活色生香的民间舞蹈队就诞生了。十里八乡，走村串户，所到之处，锣鼓喧天，群情沸腾，到处洋溢着过年的祥和氛围。茶婆子都是身着绿裤红褂，一律齐腰的乌黑长辫儿搭在胸前，左手托花篮，右手甩丝帕。那名茶郎则手执芭蕉扇，肩挑一对元宝形茶篮。音乐虽然简单重复，但采茶姑娘们却如“轻云岭上乍摇风，嫩柳池边初拂水”。姑娘们舞得像模像样，疾步串花时像鹊鸟夜惊，轻盈荡步时像燕子伏巢，虽比不上大剧院里的节目高雅，但它丰腴了乡村的精神文化生活。

茶山会流传至今，仍然沿用以往的表演形式和内容。在新春佳节，尤其是正月十五那天，都要进行表演。新中国成立前，演员共13名男子，

2003 年夏天采茶舞演出

一男子为茶郎，脸着小丑妆，为灯丑，其余 12 人则男扮女装为茶婆子。演员以上山步入场，脚尖着地，从上山采茶到下山挑茶，边歌边舞，在锣鼓点的配合下，围着茶树套连环、串花、走十字步，锣鼓起则舞，锣鼓停则歌，腰身摆动，手舞足蹈；有领唱、合唱和齐唱，唱腔多为“采茶调”、“赶狗调”、“看相调”、“种大麦”、“打哑谜”等，柔和抒情，优美动听。

新中国成立后，12 名茶婆子演员改为女子，一领头女子为主角即“头茶”，最后一名女子为“尾茶”。“头茶”逗，“尾茶”捧，“灯丑”见风使舵，出口成章，按照情境编出顺口溜，相互调侃。

茶山会，这一地道的民间歌舞，经过多年来的传承和发展，已成为浦口区一个重要的品牌民间文艺节目。

（袁　铭）

解表

解表，又名跳表、盖表，流传于南京六合区及其毗邻地区，属于祭祀性舞蹈。此舞为香火神会的组成部分。过去乡间人家为消灾免祸、驱邪除病、超度亡魂，常请人做香火会，香火会后是香火戏，而解表则是在香火戏结束前表演，地点一般在农家堂屋或屋外空场。

王灵官是解表舞蹈中设定的唯一人物，由“香火童子”扮演。王灵官在众神中是负责把山门的，负责押送阳间的“表”给天上、地下诸神，即“解表”。解表舞是男扮女装的鼓舞，一名表演者扮成“香火童子”，穿女式衣裙，手执小鼓，边唱边击鼓起舞，最后丢鼓，点火烧“表纸”，表演者挥舞手中逐渐烧尽的“表”，表示“表”已交诸神带走，身体自由旋转数圈后，全舞结束。

六合区马鞍街道的杨从良是解表现存唯一传人，年轻时是乡间有名的解表高手。他的解表动作古朴刚健，步法灵活，刚劲有力，尤其是击鼓动作，上不超眼皮，下不过肚脐；向上称打天鼓，向下称打地鼓，鼓棒击到鼓面称打实鼓，只作击鼓状而不击鼓面称打虚鼓；手腕灵活，鼓在手中上、下、左、右翻转自然迅速，每完成一个动作有短暂亮相。步位的走法按“天圆地方”的意念，弧线走位，调度呈簸箕形。舞蹈动作有“风摆荷叶”、“凤凰点头”、“骑马上马鼓”、“仙鹤展翅”、“霸王踢球”、“仙鹤伸腿”、“仙人指路”、“美人照镜”、“老汉扯篷”、“童子拜观音”、“饿虎扑食”、“贵妃醉酒”等等。舞蹈中最后的原地转，可即兴发挥，年轻时候的杨从良能旋转近百圈。

解表，是中国古老祭祀活动的“活化石”，其舞蹈的意念、程序、语汇、技法、造型等皆具有很高的文化艺术研究价值。2014年，解表被列入南京市非物质文化遗产名录。

（王　艳）

传统戏剧

中国的传统戏剧形式是包含文学、音乐、舞蹈、美术、武术、杂技以及表演艺术各种因素综合而成的，它的起源历史悠久，是对现实生活的提炼和加工，具有传神、写意之美。南京的传统戏剧颇有特色，艺术流派纷呈各异，其中皮影戏、提线木偶等深得大众的喜爱。

南京的传统戏剧有高淳阳腔目连戏，至今已有700多年的历史，是高淳地区独特的古老剧种，是传统戏剧的“活化石”，被戏剧界誉为“百戏之祖”；有第二国剧之称，在国外被称为“中国歌剧”的越剧，越剧长于抒情，优美动听，唯美典雅，极具江南灵秀之气，其中竺派便是在南京逐渐成熟起来；还有南京地区最古老的剧种之一，带有浓厚宗教色彩的民间戏曲六合洪山戏，洪山戏与扬州花鼓戏合并后，互渗互补，对“扬剧”的形成和发展有着直接影响。

南京木偶剧团的前身双福堂提线木偶戏班在民国时期，是国内十分具有影响力的表演团体。木偶戏是集戏画、雕刻、文学、音乐、表演为一体的综合性民间艺术。南京皮影戏自有其特点：雕刻艺术精湛，刀法明快简洁，造型古朴典雅，人物性格鲜明，擅长表演神话故事、传奇小说。

（文　飚）

高淳阳腔目连戏

高淳阳腔目连戏，至今已有700多年的历史，是高淳地区独特的古老剧种，被戏剧界誉为“百戏之祖”。

高淳阳腔目连戏从做法事演变而来，是表现人、神、鬼的一种宗教剧，又叫“太平戏”、“平安神戏”。演戏目的是为了驱邪逐鬼，以保平安。目连戏作为宗教剧来考察，其渊源则更为久远。

高淳阳腔目连戏的演出，通常与僧道斋醮同时进行，即所谓“内坛法事外坛戏”。在内容上，它以目连救母为主线，与明代郑之珍《目连救母劝善戏文》的故事情节基本相同，同时还融入了一些神话传说、民间故事以及高淳地区的习俗风情。

在唱腔上，高淳阳腔目连戏以高腔为主体声腔，并荟萃多种音乐成分，形成了自成体系的“阳腔”，曲牌多达140多种。其唱腔最大特点是“一唱众和，锣鼓节音，不被管弦”，说唱都采用高淳方言，并运用帮腔形式，具有浓郁的地方特色。

阳腔目连戏的角色行当为生、旦、净、末、丑、外。生行又分为老生、小生。旦行分为正旦、花旦。净又分为大面、二面。此外，尚有武行。专演“武场”的行当，称为“打手”或“四花脸”，与武功表演相似。

阳腔目连戏多在野外搭台演出，演出过程中，穿插“祀神”、“驱鬼”等活动，没有形成严格的表演程式。戏班艺人大部分是半农半艺，或为和尚、道士。如果从清道光年间算起，至新中国成立初期，按师承关系已传承五代，第一代艺人为清道光时高淳人袁胜、明春。

阳腔目连戏作为古老剧种，在中国戏剧发展史上，占有里程碑式的地位。从1953年开始，江苏省文化厅就开展了保存戏曲遗产，挖掘传统剧目的工作。1958年江苏省戏曲学校开办了目连班，从高淳聘请僧超轮等老艺人担任教师，共传授40多出折子戏和60多支曲牌，该班在1960年5月停办。

高淳阳腔目连戏的剧目，早年的本子均已失传。现存剧本《阳腔目连戏》《“两头红”本》（即从日落时分演至第二天日出）及《目连》（高淳僧超轮抄本）三种。

高淳阳腔目连戏既是一个独特剧种，又是一个独立剧本，这是它的重要特征。

进入 21 世纪以后，高淳阳腔目连戏的老艺人相继谢世，该戏种成为濒危项目。为了抢救这一珍贵的非物质文化遗产，近 10 多年来，高淳文化部门组织专人在全区范围内做了深入的调查，对目连戏老艺人进行采访、录音。2006 年，以清代手抄本为依据，编写出《叫花子打摊》折子戏，组织演员进行排练，终于使中断 60 年的阳腔目连戏重返舞台。2007 年，高淳阳腔目连戏被列入江苏省非物质文化遗产名录。2013 年，高淳区文化部门又将阳腔目连戏第 107 折《七仙女送子》重新搬上舞台，让中国传统戏剧的“活化石”——阳腔目连戏重新展现在世人面前。

（汪士延）

皮影戏

皮影戏省级传承人张燕林传授皮影表演技艺

皮影戏，俗称“影子戏”，它既有故事性，又有音乐性，是集绘画、雕刻、文学、音乐、表演为一体的综合性民间艺术。

清末民初，夫子庙就有了皮影戏的表演。1955年，南京邀请山东济南皮影社的几位艺人到夫子庙的人民游乐场进行皮影戏表演，引起了极大轰动。1957年南京创办了向群皮影剧社，并开始招收皮影戏学员，这批学员后来则成为南京市木偶皮影戏剧团的主要演员。

二十世纪五六十年代，皮影戏在夫子庙红透半边天。每天晚上在泮宫东边的戏场外、大院里，黑压压地站满了人，这些人都是前来观看皮影戏的。皮影戏不仅仅是演给孩子们看的，看戏的大多是成人，票价卖到一毛一张，这在当时算是很贵的了。当年看皮影戏的人都是收入较高的、生活比较休闲的人，他们把皮影戏当作高档的艺术品来消费。

现在，夫子庙地区又恢复了皮影戏的演出，主要剧目有《孙悟空三打白骨精》《龟与鹤》《武松打虎》等，受到中外游人的喜爱。南京皮影戏代表性传承人主要有两位：一位是张燕林，曾师从已故皮影戏表演艺术家张子明、王长生；另一位是姚其德，是著名皮影戏表演艺术家。

南京皮影戏主要包括：

皮影道具的制作，分制皮、画稿、雕镂、敷彩、熨平、缀结等几个环节；

皮影戏的演出剧目、声腔流派、演出方式、服饰道具和伴奏乐器。

南京皮影戏雕刻艺术精湛，刀法明快简洁，造型古朴典雅，人物性

皮影戏省级传承人姚其德

格鲜明，擅长表演神话故事、传奇小说。

现代皮影既是演出的道具，又是可以独立展出的艺术品，造型古朴，刻工精致，人物俊美，具有很高的艺术价值。

南京皮影戏由艺人操纵皮影道具，配以灯光、音乐、说唱，在银幕上表演栩栩如生，具有很高的观赏价值；同时皮影作为古老的艺术形式，极具收藏价值。

（王永泉　姚其德　张燕林）

越剧竺派艺术

越剧是中国五大戏曲剧种之一，有第二国剧之称，在国外被称为“中国歌剧”。越剧长于抒情，优美动听，唯美典雅，极具江南灵秀之气，且艺术流派纷呈各异。

竺水招的扮相十分俊美

越剧竺派艺术由表演艺术家竺水招创立，在越剧界享有盛誉。

竺水招 12 岁进天蟾舞台科班学艺，工小生兼学花旦。她勤奋好学，练功刻苦，打下了扎实的武功基础，成为女子越剧中少有的擅长武功的演员。二十世纪三四十年代，她在浙、沪两地曾先后与尹桂芳、傅全香、戚雅仙等越剧名伶长期合作，联袂出演。竺水招的表演细腻妩媚，清新脱俗，唱腔甜润而柔糯，尤为突出的是她的戏路宽广，花旦、青衣、小旦、小生（主）、老生乃至老旦等行当都能应付自如，加上扮相俊美，遂被观众喻为“越剧西施”，为“越剧十姐妹”之一。1956 年，竺水招率上海云华越剧团来宁，正式组建南京市越剧团，并出任团长。

竺水招生性淡泊，儒雅大度。她的唱腔质朴稳健，音色宽厚圆润，清新流畅，刚柔并济；表演凝重深沉，功底扎实，戏路宽广，能生能旦，能文能武，在众多越剧流派中别具一格，遂成竺派。

竺派表演艺术的重要艺术特征就是“生旦兼容”，这在越剧界是极为少见。竺派艺术的“生旦兼容”，是在旦角中融合生角的硬朗，在生角中融合旦角的婉转，呈现出一种刚柔相济的艺术风格。其代表剧目有《柳毅传书》《三看御妹》《南冠草》《碧玉簪》《桃花扇》《孔雀胆》《莫愁女》等。其中神话越剧《柳毅传书》被拍成彩色电影，蜚声海内外。

竺水招在越剧《柳毅传书》中饰柳毅

其流派主要传人有夏雯君、竺小招、孙婷涯、孙静、殷瑞芬等。

近年来，南京市越剧团充分发挥主导作用，排演了竺派嫡传弟子竺小招领衔主演的《莫愁女》《柳毅传书》等数十台具有竺派艺术风格的剧目，还多次举办越剧竺派艺术研讨会、越剧竺派演唱会，出版越剧竺派个人专辑等，为传承和发展越剧竺派表演艺术做出了新贡献。

（小　路）

洪山戏

六合洪山戏，曾名乡人傩，亦名香火戏、香火僮子戏，是在源远流长的“傩”的基础上发展起来的一种带有浓厚宗教色彩的民间戏曲，是南京地区最古老的剧种之一。洪山戏与扬州花鼓戏合并后，互渗互补，对“扬剧”的形成和发展有着直接影响。

洪山戏的剧目，主要由三部分组成：早期以长篇说唱改编的《袁樵摆渡》等称之为《十大神书》唱本；第二阶段移植别的剧种剧目和民间故事进行改编；第三阶段即以自编自演的现实题材剧目为主，如《寡妇庄》《送子参军》等宣传抗日内容的现代戏。

洪山戏的音乐，其唱腔可分为基本调、神曲、联弹、杂曲和民歌小调四类。

唱腔多为一字一音，少数一字有二、三音，音调方面存在游移性，旋律以下行为主，偶尔也有六、八度音大跳。调式以宫音、徵音为主，少数曲调以商、羽为调式。唱腔节奏简单自由，大多为一眼板，以后逐渐变化成散、慢、中、快的板式。

曲调男女通用，男腔较简，女腔较繁。演唱时以独唱为主，也有接唱和对唱。早期还有帮腔，演唱都是先字后腔。男女接唱时，通常是同主音关系，即男腔的宫音为女腔的徵音，构成调式的对置转换，因此男女腔均能按各自的音域发展旋律。

伴奏乐器，最早内坛坐唱时一锣一鼓，由演唱者自敲自唱。二十世纪四五十年代后，增加了丝弦乐器，但仍然

洪山戏《魏征斩龙》剧照

以打击乐为主，保留了锣鼓击节的原始风貌。

服装上，男着长衫，武生着布箭衣，女装为清代女装，老旦头扎珠额，加上少量京剧的小生、花旦服装。

洪山戏的主要特征：唱腔极富六合山腔情味。旦角演唱伴高音锣，生角演唱则用低音锣，产生强烈的对比音乐效果；语言朴实、生动，间杂谚语、俚句，喜剧效果强烈，乡土气息浓厚。其戏本、唱词、歌赋留存，具有很高的研究价值。

2007 年，洪山戏被南京市人民政府列入首批南京市非物质文化遗产名录。

（王　艳）

南京提线木偶

木偶戏是由艺人操纵木偶表演故事的一种戏剧形式，古称“悬丝傀儡”，又名线戏。

提线木偶在中华门广场参加“秦淮之夏”社区文化艺术节闭幕式演出

中国的木偶戏源于汉，兴于唐，盛于宋，至明代木偶戏已流行于全国各地，清代以后木偶戏进入全盛时期。木偶主要有三种类型：一是布袋木偶，即套在手上的，也叫指头木偶；二是杖头木偶，是木偶在上，人在下，用三根棍子操纵的，也叫托偶；三是提线木偶，是用线吊着的，也叫吊吊戏、悬丝木偶。

南京提线木偶的历史久远，现在有文字可考的是南京木偶剧团的前身双福堂提线木偶戏班。在民国时期，它是国内十分有影响力的艺术表演团体。新中国成立前后，木偶戏在江苏省内及南京夫子庙等地区演出，主要以传统京剧为主。后来在保留传统剧目的基础上，木偶剧团进行了很多创新，上演了许多为广大民众喜闻乐见的神话剧、现代剧、儿童剧和童话剧，并以其独特的风格、精湛的表演风靡一时，至今仍有不少老南京人对当时的情形历历在目、记忆犹新。

十几年来，由原南京木偶剧团的主要演员王茂才和薛锦霞领衔主演的一系列经典木偶剧目，将停演40多年濒临绝迹的南京提线木偶戏再次搬上舞台。他们的表演，几乎场场爆满，掌声不断。

南京木偶戏流传于江苏省的各个地区，后来主要存在于老城南的繁华地段和秦淮河及夫子庙广场附近。如今，它主要在民俗展览馆、各种民俗文化艺术节的场所表演，主要分布于秦淮区。

精湛的木偶技艺表演中，不但木偶的嘴、眼、耳、手都能活动，手能拿壶斟酒、举杯喝酒、挥棍舞棒等，像人一样活灵活现、形象逼真，而且还能上天入地，腾云驾雾，几乎无所不能，达到了不是真人胜似真人的境界。在所有的木偶戏表演中，提线木偶的难度最大，全靠提着的线来操纵，演员表演操纵如没有过硬的基本功是不能胜任的。同时，木偶演出是综合艺术，音乐、灯光、布景、道具都需要配合好，演员不但要操纵木偶，还要说唱，根据不同的戏使用不同的唱法。

南京木偶戏的传承谱系：

第一代：焦财儒

第二代：焦宝德

第三代：焦鸿举、焦鸿鼎

第四代：王茂才、薛锦霞

近年来，王茂才和薛锦霞恢复演出，亲自编写了《东郭先生和狼》《孙悟空探路》《猪八戒化斋》《猪八戒背媳妇》《欢乐的狮子舞》等剧目，并设计了各种木偶人物形象，精心制作了木偶和道具，对节目进行不断创新，他们的表演深受人们的喜爱。

（王茂才）

传统曲艺

中国传统曲艺是中华民族各种说唱艺术的统称，它是由民间口头文学和歌唱艺术经过长期发展演变形成的一种独特的艺术形式。南京的传统曲艺活动，最早可以追溯至汉末，明太祖朱元璋尤喜民间艺事，由此南京的曲艺进入鼎盛时期。民国年间，南京本地曲种与南、北曲种汇聚于一地，开创了“占曲艺三分天下”的辉煌。扎根于南京本土独特的民间曲艺有南京白局、南京评话、高淳送春、南京白话等。

南京白局，源于明、清南京织锦的浩大手工业发展时期。是时 3 万架织机日夜抛梭，20 万名云锦织工“熬一盏油干，闭一回磕睡眼”，营生繁重。劳作之余织工们苦中寻乐，消闷解愁，有了“机房里唱戏”，因为白唱不卖钱，故称“白局”。他们说唱社会生活，诨讲时事新闻，语出辛辣，表达幽默，自娱自乐，流传市井、街巷。“全凭一张嘴，满台风雷吼”的南京评话，用的是地道南京方言或官话，浓浓的方言俚语嬉笑于历史典故、风俗民情之间，还不时穿插赞美自然、感叹历史的诗词歌赋，深受民众喜爱。

无论是“一人敲锣、一人击鼓”的高淳送春，还是用南京方言表演的南京白局、南京评话、南京白话，它们都对传承和保护南京本土方言，以及研究南京民间民俗文化，有着十分重要的价值。

（文　飏）

南京白局

南京白局因其表演时不收报酬，“白摆一回唱局”，故称白局。它是人类非物质文化遗产代表作“南京云锦”的派生物，是明末时期南京历史上产生并发展起来的最主要的乡土曲艺，2008年被国务院列入中国非物质文化遗产代表作名录。

《南京白局》表演团队在南京晓庄学院进行表演

南京白局源远流长，流行于南京城区和江宁、江浦、六合及安徽天长、来安等区域。南京白局诞生于秦淮河边的云锦机坊。东晋时期秦淮河畔的“斗场锦署”，是南京历史上第一个官办织锦机构。清代中期，南京有织机3万余架，生产工人达20万人，南京白局正是“机房里唱戏”的写照。南京白局植根于明清曲艺的深厚土壤。六朝时期“清商曲辞”、“唱导”十分兴盛，影响了后世曲艺的发展。明朝的“莲花落”、“平话”、“打谈”、“盲词”、“滑稽”等曲艺形式流传甚广。白局汲取了诸多曲种共性的东西，是南京本土产生的一个新曲种。南京白局繁荣于清末、民国时南京及周边的市井坊间。光绪年间，白局进入发展高潮。新中国成立以后，南京白局获得新生。1949年以后，南京市政府对白局开展抢救工作。1960年，成立南京市工人白局实验曲剧团。20世纪80年代，市政府积极扶持南京白局，组织艺人回忆整理、录音记谱，保护了不少优秀作品。进入21世纪后，各级文化部门从项目保护、资金扶持、表演活动等方面，予以大力支持，使得南京白局这一古老曲种获得了全面的保护、传承和发展。

南京白局的艺术特色：方言俚语，感染力强，用南京方言演唱和念

《南京白局》表演团队正在南京市工人文化宫进行表演

白是白局的根本特色；诙谐俏皮，幽默感强，南京方言在唱词上体现了土得掉渣的幽默感；演唱新闻，时事性强，“唱新闻”是白局的特点之一；曲牌丰富，音乐性强，南京白局为曲牌体，多以明清俗曲、江南小调为主，还配上俗曲曲牌，联缀说唱，表演生动，滑稽易懂，使白局从当初云锦工人的自娱自乐，发展成为风行于街头市井的大众曲艺演唱艺术。

南京白局传承谱系大致为：民国时期及南京解放初期的老一辈艺人，他们大多有云锦职业的背景，如纪鑫山、左帮运、严洪亮、吴鸿翔、梁汉成、聂少庭等；20世纪60年代，参加南京白局剧团的艺人有徐春华、何沛、马敬华、高晓玲、潘春华、周慧琴、黄玲玲等；新的历史时期，在周慧琴、黄玲玲等老艺人的手口相授下，一批新人已经走上了南京白局的传承之路。

（高安宁）

南京评话

小传承人参加“乡音金陵”专场演出

南京评话又称南京的“说书”，就是用南京方言说书、讲故事。

“说书”这种形式在南京出现，还要远溯至南朝宋、梁时期。由于当时佛教盛行，南京地区出现了一种名为“唱导”的宣法讲经形式。明末清初，桃叶渡畔的“长吟阁”，就是被称为“南都第一”的柳敬亭说书的场所。

南京评话发展到乾隆时期以后，就有了自己的行会组织“三皇会”（敬天、地、人之皇为祖师）。清代中期以后，南京地区以夫子庙为中心的民众曲艺市场逐渐地恢复起来。光绪年间至民国初期，全市有各类曲艺茶馆、书场 40 家左右。

民国建都以后，南京再次成为全国曲艺活动中心。仅当时的南京评话艺人就已经超过了百人，涌现了不少名家高手，如说《水浒》的李朝云、张长如、陈秀山，讲《三国》的周善之、张鸿儒，擅《唐宋书》的何锦朝、何锦堂等。抗日战争前后，全城书场已有近百处，说书艺人 200 余人，各种流派纷呈，各具千秋。其中成就较大的评话艺人，有张雨臣、孔筱平、田少章、戴金山等人。

新中国成立以后，南京曲艺事业得到发展，特别是 1955 年夫子庙人民游乐场建成后，南京评话的演出环境得到了较大改善。著名老艺人张雨臣之子张幼臣，是南京评话艺人中的佼佼者，在全国说书界具有较大的影响。这一时期蜚声书坛的，还有孔幼平、金少臣、王小瀛等人。

改革开放以后，南京评话重获新生。这一时期活跃在南京书坛的评话艺人，则有孔幼平等人。孔幼平深得其父孔筱平之真传，他演说的《乾隆下江南》《明英烈传》等书目，语言诙谐生动，颇受广大听众欢迎。

南京评话的艺术特点：一是题材广泛，内容涉及神话、掌故、历史和现实生活等；二是单人表演，一人端坐，一把折扇，一方醒木，只说不唱，完全以说表、噱头、手面、眼神等功夫折服听众；三是以南京方言为主，并用其他方言。艺人叙述故事情节时，通常采用南京方言，而模仿故事中人物说话时，则采用其人物的家乡方言；四是擅长拟声，评话艺人还要练就模仿各种声响的“口技”本领，如虎啸、马嘶、雷鸣、击鼓等；五是“文说”、“做功”各有侧重。南京评话通常又分为文、武两派。文派比较注重艺人的“三寸口舌”的说功；而武派则更讲究艺人的形象语言，主人公的音容笑貌、一举一动，皆模仿得惟妙惟肖。

历代南京评话艺人创作了一批优秀的评话书目，如《周侗访友》《济公传》《达子敬打马猴》《雨花台上红旗飘》《乾隆下江南》《明英烈传》等，为后世留下了丰富的民间曲艺遗产。

（周安庆　孔幼平）

送春

“敲起小鼓敲起锣，家家户户门前过。新春佳节送祝福，男女老少乐呵呵……”这是高淳送春的开头唱词。

高淳送春是一种季节性民间曲艺，也叫颂春、唱春。它源于明初的“打春”，也叫“村田乐”。明代“打春”的“鸣锣跳唱”与现在高淳送春的“一人敲锣、一人击鼓”的形式基本一致。高淳送春艺人将明代道士马之清作为送春的鼻祖。

过去送春艺人均为贫苦农民，民间有“半月送春三月粮”之说。每逢新春佳节，送春艺人走村串户，送歌上门，获取微报，被戏称为“文明乞丐”。如今送春完全是娱乐性演唱，甚至还登上了中央电视台的舞台。

高淳送春形式简单，演唱方便，一般是两人搭档，一鼓一锣，一唱一和。鼓手为大在左，锣手为小在右，称鼓槌为鼓鞭，锣槌为锣片。小锣、小鼓直径大约 4 寸，鼓鞭长 7 寸 3 分，用 13 节紫竹根做成，据说代表明朝 13 省。送春时，艺人每到一户，鼓手行腔起调，锣手接唱应和。

送春艺人具有严格的师承关系，只有通过拜师学艺，才能送春，此外艺人还要有好口才、好嗓子、好记性，才能演唱大量的春歌。送春用高淳方言演唱，每句 7 字，4 句一节，曲调有“整调”、“老调”、“新调”等，声音高亢、悠扬。

送春有两种演唱形式，一是上门见啥唱啥，随机应变，称“见之歌”；二是“坐堂春”，就是坐在富裕人家堂前唱，唱的是长篇叙事曲牌，主要有《十二月望郎》《风筝记》《牡丹亭》《洛阳桥》等。

新中国成立后，地方文化部门高度重视送春艺人，为他们组织编写了不少内容健康的新歌词，如《土改闹翻身》《学雷锋》《送子参军》等。

尤其是改革开放以后，送春唱词被赋予了新的时代精神，涌现出了一批歌颂新社会的好作品，如《富民政策就是好》《固城湖螃蟹甲天下》《反腐倡廉树新风》等。

高淳送春形式独特，唱词朗朗上口，体现了雅俗共赏的艺术特征，同时，它也丰富了农村的春节文化生活，具有一定的人文价值。

2008 年高淳送春被列入南京市非物质文化遗产保护名录。

（汪士延）

南京白话

南京白话是一种运用南京方言逗人取乐的喜剧曲艺形式。

民国时期，作为首都的南京，各路曲艺名家荟萃于此，北方相声艺人老万人迷、万人迷、张寿臣、马三立、刘宝瑞、高元钧等人相继来到南京。从此，相声这种曲艺形式，在南京站稳了脚跟。

在南京的相声观众群中，有两位原先表演南京评话的同父异母兄弟周凤明和钱天笑（原名周凤亮，后来改此艺名），他们看到北方相声艺人在南京“火爆”，便开始琢磨如何将北方相声之长，融合到南京本地的曲艺中去，以吸引更多的南京观众。于是他俩开始摸索尝试，改用南京方言土语来表演，以此增强表演的现场效果。经过大胆改革，他俩在1930年的演出中初战告捷。接着，二人又开始尝试把更多的南京口语、土话用于相声曲目中，竟然又获得了成功。虽然他俩没有为“南京白话”这种艺术形式命名，却为此苦苦探索，起到了开创性作用。

1963年，秦淮区文化馆业余曲艺演出队演员李宗汉、梁汉辰等人，编演了《老相识》。该节目通过两位多年不见的老朋友的邂逅，彼此以亲身感受讲述南京城在新中国成立前后的新老变化。作品用南京方言表演，现场气氛热烈，取得了极大成功。通过分析，他们发现，源于生活、贴近百姓的东西，加上南京方言的表演形式，无疑是群众喜闻乐见的。由于该曲艺形式借鉴了南京白局的一些表演形式，因而取名“南京白话”。在几代曲艺艺人的不懈努力下，南京白话这一地方曲种终于“瓜熟蒂落”了。

南京白话市级传承人丁少华

南京白话经常表演的曲目，有《柜台》《三分钱》《庙上风情》《众星捧月》《人情债》《三分钱》《包你满意》《路路通》《趣说南京话》等。主要演员有黄志祥、梅军、石公权、查志华、刘建成、顾少忠、卜俊保、刘奎龙、曹道行等。南京白话的影响不断扩大，并且在镇江、马鞍山、芜湖、滁州等地产生了一定影响。

南京白话从早期对北方相声的简单模仿，到后期衍化成本地独特的曲种，既遵循了相声艺术的一些表演规律，又在实践中形成了自身的表演特点。在曲目的表叙方式中，南京白话将相声原来的客体性叙述转换为第一人称自传性叙述，表演重于说表，增强了观众的亲切感。它依靠脚本的喜剧性、表演的戏剧性和南京方言土话的独特性取胜，摆脱了北方语言的束缚，以真情诚朴、风趣诙谐的表演，换来了广大观众的笑声和掌声。

南京白话不仅运用本土方言表演，还穿插了许多风俗民情、人文典故等。这不仅对传承和保护本土方言，而且对研究南京民间民俗文化等，也具有十分重要的价值。

（周安庆　孔幼平）

传统美术

南京的传统美术，历史悠久，品类丰富，凝聚着南京浓郁的地方特色，散发着古都芬芳的文化气息。

艺术上，它们既有共同的审美特征，又各自具有不同的风格特点：南京剪纸的花中有花、题中有题、粗中有细、拙中有灵；仿古牙雕和木雕的古色古香、浑朴高雅；秦淮灯彩的斑斓多姿；金陵竹刻的文韵简约；戏剧脸谱的活灵活现；六合民间画的色彩明艳；红木雕刻的古朴精致；瓷刻的意气风雅；泥人的天真雅拙；微雕的精细入微；门笺的祥和喜庆等等，无一不包含着很强的艺术观赏性，带给人们愉悦的精神享受。

这些优美的艺术，通过精湛的制作以及绘画技巧，而得以完美地体现：如南京剪纸的心中构图、运剪又运纸的剪制技巧；仿古牙雕和木雕的圆雕、透雕、深浮雕，浅浮雕、线刻等多种技艺的综合运用；秦淮灯彩的巧手扎制；金陵竹刻的留青浅刻；戏剧脸谱的脱胎纸型；六合民间画的平涂和夸张手法；红木雕刻的精工细作；瓷刻用刀的挺秀细腻；泥人的三塑七彩；微雕的神雕意刻；门笺的精细刻制等等，既继承了前人的优秀传统，又渗透着每一位传承人的聪明才智。

（陆　晔）

南京剪纸

南京剪纸的起源，据清代道光年间甘熙所撰的《白下琐言》记载，至迟在明代初年，南京已有了用作门笺和装饰灯彩的剪刻纸。南京剪纸的历史，还与本地刺绣的发展有密切关系，旧时南京许多人家都有一本供刺绣用的剪纸花样簿。1947 年，著名剪纸艺人武老太的女儿武志英在夫子庙开设了专营剪纸的“上海”和“皇后”两家花样花线店。

剪纸作品《金鱼满堂》

1954 年，南京市文化局组织张吉根、武老太、王明长三位剪纸艺人，对南京传统的民间剪纸如喜花、鞋花等，进行了挖掘、整理和革新。之后，张吉根等 10 多位剪纸艺人组织起来，成立了南京民间剪纸生产合作社，后来又扩大为南京民间工艺厂。1984 年，南京市工艺美术公司将武志方、殷嘉才、张方林三人调到工艺美术大楼外宾部，从事剪纸创作和艺术表演。目前，张吉根的子孙中有 8 人从事剪纸，其中张方林和其子张钧在南京工艺美术公司，张吉根幼女张林娣和儿媳李华创办个人剪纸工作室。老艺人马连喜在南京民俗博物馆剪纸。

南京剪纸的传统品种，主要有喜花、斗香花、鞋花、门笺等。其中喜花是南京剪纸中最具地方特色、艺术成就最为突出的品种。

南京剪纸在艺术上与其他地区的剪纸有着明显的区别，主要表现为“花中有花、题中有题”的构图形式和“拙中见灵、粗中有细”的表现手法，所刻画的人物和花鸟“圆嘟嘟、胖呼呼、笨拙拙、肉墩墩”，妙趣横生、情趣盎然。

南京剪纸艺人具有独特高超的剪作技巧，他们完全不用画稿，而是

剪纸作品《十二生肖》

在心中构图。只用一把剪刀、一张白纸，短短几分钟内便能一气呵成，剪下活灵活现的各种花鸟虫鱼、人物走兽的图案，不仅形象逼真，而且生动有趣，几乎达到了传神的地步。这是其他地方的剪纸无法比拟的，令观看过南京剪纸艺术表演的人无不惊叹、赞赏这一技艺的奇巧精湛。

近30多年来，南京剪纸艺人先后近百次到亚、欧、美、澳等洲的众多国家和港台地区作剪纸艺术表演，为发展南京与世界各国、地区的文化交流，作出了贡献。

目前，南京剪纸被联合国教科文组织列入人类非物质文化遗产代表作名录，南京市工艺美术总公司为项目保护单位。张方林为国家级非物质文化遗产代表性传承人，马连喜、殷嘉才为省级传承人，张林娣为市级传承人。

（陆　晔）

秦淮灯彩

“秦淮灯彩·莲花灯”邮票

秦淮灯彩是我国传统灯彩艺术的重要流派，也是南京地区最具代表性的民间手工艺术之一。

秦淮灯彩历史悠久，源远流长。相传三国东吴曾经延续汉明帝以来“表佛”等一些做法，在岁时节庆、欢乐喜庆等重要场合张灯结彩。东晋都城南京就出现了有关灯彩的文献记载。明太祖朱元璋在南京倡导元宵灯节活动，灯彩艺术得到迅速发展。秦淮灯彩从客观上反映了南京地区由自然之火、生活之火、祭典之火到艺术之火的历史演变。

历史上的秦淮灯彩主要分布于南京秦淮河流域，以家庭作坊的形式制作生产。明代繁盛时期，秦淮灯彩的品种达三四百种之多。明代以后主要集中在“十里秦淮”两岸、笪桥、评事街、上新河等区域。20世纪80年代以来，其影响还辐射到欧美、日本、东南亚等国和港台地区。

早先的秦淮灯彩基本都是手工制作，要经过劈、锯、裁、剪、削、熏、烘、烤、熨、浸、染、裱、写、描、绘、雕刻等几十道工序才能完成。其中的许多工艺都是南京灯彩所独有的，它凝聚了世世代代南京灯彩艺人的智慧。如今的秦淮灯彩种类，已从传统的单体灯如荷花灯、狮子灯、兔子灯、金鱼灯、蛤蟆灯、元宝灯、飞机灯等，发展到各种组合灯彩，其大型灯组竞相绽放，争奇斗艳。随着各种新材料、新科技的应用，秦淮灯彩在继承传统的基础上，将声、光、电等现代科技注入灯彩的制作中，使灯彩更具有现代感和趣味性。

秦淮灯彩在艺术上不仅汲取了中国传统纸扎、绘画、书法、剪纸、皮影、

彩兔灯

刺绣、雕塑等艺术之长，而且也综合了木工、漆工、彩绘、雕饰、泥塑、编结、裱糊、焊接、机械传动、声光音响、电子程控等一系列工艺技巧和制作手段。形、色、光是构成秦淮灯彩的最基本要素。在结构造型上，秦淮灯彩采用夸张变形、对比呼应、抽象写意、象征借喻等表现技巧，讲究丰满浑厚、简约夸张等艺术手法，突出形式与趣味的表现、传统与现代的融合。可以说，秦淮灯彩是历代南京民众审美理念、表现自我的民俗物化形式。

从 1985 年开始，南京市暨原秦淮区（现并入白下区）政府每年举办秦淮灯会，使得秦淮灯彩成为灯会的最亮丽的主角，成为南京民间手工艺术的特色品牌，也成为非物质文化遗产保护与利用的成功范例。

秦淮灯彩当代传承谱系及传承人：

李氏灯彩：李桂生、顾业亮、武焕文

陈氏灯彩：陈柏华

陆氏灯彩：陆有文、陆有昌

曹氏灯彩：曹真荣

成氏灯彩：成春和、成培君

王氏灯彩：王德洪、王忠民

陈氏灯彩：陈广余、陈颜鸿

殷氏灯彩：殷招财、殷献来

（周安庆）

仿古牙雕

牙雕像《观世音》

牙雕，是南京著名的工艺美术三宝之一，同时也是闻名全国的四大牙雕之一。它历史悠久，明代已著名于世，据古文献记载，明代金陵派竹刻艺术的始祖李耀和濮仲谦，也擅长象牙雕刻。南京，还是我国四大牙雕中的另一家——上海牙雕的起源地。清末光绪年间，江宁县东山镇人匡臣良，牙雕技艺精湛，闻名江南，民国初期应邀到上海创业，后与弟子匡奕贵、冯立锦等人，创立了细花镂空的海派牙雕。当时上海的牙雕艺人，多数来自南京江宁东山。1949 年后，在上海的一部分牙雕艺人返回南京老家，于 1957 年成立了南京象牙雕刻社（后改为工艺雕刻厂）。沪、宁两地的牙雕老艺人，都是出自一门的师兄弟和同乡。1950 年后，南京研究仿制古代牙雕，并逐步形成了以仿古为特色的艺术风格。

南京牙雕的品种，一般分大件、中件和小件三种。大件作品在构成上，常以一组或数组人物和走兽为主，配以山石、树木和建筑等，组成一幅幅完整的画面。另有一类大件作品，以一支完整象牙为料，进行构思创作和制作，有的采用圆雕人物镶嵌和整牙雕琢相结合的新构成。中小件作品取材更为广泛，有人物、动物、花果和仿古炉鼎等。近些年来，南京牙雕又创造了鸟笼等新品种，集各种雕刻手法为一体。

南京牙雕早先以深雕见长，雕工纤细精巧，玲珑剔透；后又以圆雕为主，同时还采用透雕、高浮雕、浅浮雕和线刻等多种混合的技法。艺人们先设计纸稿，接着以泥塑成型，然后才按泥塑稿在象牙上雕刻。南京牙雕的特色标志，就是作品的仿古做旧工艺及其艺术效果。当年南京

牙雕像《打马球》

牙雕在综合了古代和各地牙雕染色、煮色、涂色、熏色等各种手法的基础上，终于研制出一套独特的作旧技艺，作品不但呈现金黄的古旧色泽，而且有自然的裂纹，艺术效果与文物更为接近。现代南京牙雕的代表作，主要有《文成公主入藏》《端午龙舟》《唐人击鞠》《霓裳羽衣曲》《观音诞辰》等，分别由一代牙雕名师朱至耀、刘道凡、陈凯、袁寿昌设计，倪小庆、戴德裕等人参加制作。

目前，南京牙雕已被列入江苏省、南京市非物质文化遗产名录。南京市工艺美术总公司、南京德裕堂工艺礼品厂、江宁中帮雕刻工作室为项目保护单位。倪小庆、戴德裕为省级传承人，戴德霖、王中帮为市级传承人，侯庆发为区级传承人。

（陆　晔）

金陵竹刻

臂搁《松鹤》《唐诗》《达摩》

金陵竹刻，是我国明清时期竹刻艺坛两大流派之一，始创于明代中叶。清代嘉庆年间嘉定人金元钰《竹人录》一书，首次提到两大竹刻流派“雕琢有两派，一始于金陵濮仲谦，一始于吾邑朱松邻”。金陵竹刻创始人为明代金陵人李耀和濮仲谦。李耀以扇骨雕刻闻名于世，濮仲谦竹刻艺术影响和成就超过李耀，明清两代不少文献，对他都有较为详细的记述和极高的评价。现在北京故宫博物院收藏有濮仲谦所作竹根雕《松树形壶》。清末民初，城南从事竹扇骨雕刻的作坊和店家很多，现在南京城南通济门一带还保留着扇骨营的老地名。二十世纪三四十年代，南京竹刻艺人中比较著名的有张家秀、张云举、秦富元、俞文龙、陈识泰等人。五十年代后，竹刻艺人大多集中在南京秦淮制扇社从事扇骨雕刻，老艺人赵德桢是现代金陵派竹刻的杰出代表。

金陵竹刻多选用浙西天目山和皖南两地深山老林的毛竹，并且必须是3年的竹龄，经防霉防蛀等工艺处理，最后再经多次水磨打光，反复揩磨光熟，达到质地细腻嫩白、晶莹剔透的效果后，方能雕刻。浅刻简约，留青雅洁，是金陵竹刻的主要工艺特征。留青就是保留竹子表面的青筠作画面图纹，铲去花纹以外的青皮，露出下面的竹肌作地，形成“阳文”，所以也称“留青阳刻”。金陵竹刻的留青，讲究刀锋，阴刻“勾勒”叶筋、翎毛、衣纹、发髻等，一刀下去，一气呵成，犹如白描运线，或圆润流畅，

省级代表性传承人赵荣正在创作

刀刀精致，或抑扬顿挫，笔法刀锋毕现；浅刻阳文，轮廓清晰，层次分明，用刀干脆利落，绝不拖泥带水；有时依画面需要，也用刮刀法，但刮刀讲究层次，分出深浅，形成色泽自然退晕的效果。竹刻品种主要是笔搁、镇纸和扇骨等。前两种从古至今都是文人的文房用品之一，本身就具有较浓的文化元素。扇骨依附的折扇，是明代文人雅士和官宦特别爱好的时尚之物，当时南京折扇作坊、店肆，多集中于通济门外和三山街、绸缎廊一带，有数十家之多。折扇的发展，为金陵竹刻流派的诞生创造了有利的氛围。

目前，金陵竹刻已被列入江苏省、南京市非物质文化遗产名录，南京市工艺美术总公司和金陵竹刻艺术博物馆为保护单位。赵荣为省级传承人，张林娣、龙双衡为市级传承人，张春林为区级传承人。

（陆　原）

戏剧脸谱

脸谱传承人颜蕾

戏剧脸谱是脱离了戏剧舞台，成为以装饰厅堂、美化环境为目的的一种民间传统手工艺术品。清代光绪年间产生的工艺戏剧脸谱，将平面的戏剧脸谱转化成立体的戏剧脸谱后，色彩变化有致，加上勾绘精巧，富有图案美和装饰美，更具有“寓褒贬、别善恶”的艺术功能。

南京地区的戏剧脸谱，一般为京剧脸谱，主要以颜少奎、程少岩为代表，颜少奎从事脸谱艺术已有50余年。20世纪60年代初，他将脸部化妆转向泥头脸谱绘画，逐渐成为一种装饰艺术品。他的作品继承了中国古代传统脸谱的技法，并以中国画技法为功底，线条流畅，色彩艳丽，造型准确，栩栩如生，并将写实、变形、夸张等多种艺术手法相结合，兼具装饰与实用功能。所以，南京戏剧脸谱有别于一般绘画的脸谱，成为一种弘扬中国传统文化的高雅艺术品，曾作为礼品赠送外国贵宾和友人，先后被中国美术馆、韩国艺术馆、日本民间艺术馆等国内外诸多艺术馆、美术馆收藏，同时被国内外各大媒体专题报道。

程少岩在制作彩绘脸谱面具时，充分利用与面部有关的饰物，并在绘制中增加对人物性格表情的细腻刻画，力求源于舞台而高于舞台，达到窥一斑而知全貌的艺术效果。手工宣纸脱胎京剧脸谱挂件，融入了雕塑、绘画、镂刻、彩扎、裱糊、脱胎等多种技艺，程少岩的脱胎纸装彩绘脸谱面具，是在继承工艺脸谱基础上的一次创新，同时又把舞台专业性谱式准确勾画与技巧运用其中，具有特有的文化韵味。

京剧脸谱艺术不仅是戏曲中的一种特有的化妆手段，还是一种富有

位于南京市博物馆里的颜少奎脸谱艺术馆

装饰性的图案艺术，它们脱离了戏剧舞台，但又都承担起戏曲艺术信息传递和普及戏曲艺术的工作，其色彩、线条、造型令人赏心悦目，使人产生想象，特别是脸谱由平面趋于立体，由简单趋于复杂，不断的演变、发展，成为人们喜爱的民族艺术，具有很高的历史价值、艺术价值和实用价值。

（朱登琮　吴寿根）

仿古木雕

南京工艺有三宝：云锦、剪纸、仿古雕。仿古雕，指的就是南京的仿古木雕和仿古牙雕。南京木雕的历史非常悠久，明代已有相关记载。明代周晖《金陵琐事》记载："一乐工能刻木为舟，大可二寸，篷桅橹舵咸具。两人对酌于中，壶觞饾饤满案，一人挽篷索，一人握橹，一人运舵，皆有机能动。"民国时期，南京城南的单元春家族，几代人都从事木雕，手艺精湛。

佛教题材的木雕作品

二十世纪五六十年代，南京工艺雕刻厂在传统木雕的基础上，发展了仿古木雕。工艺雕刻厂初始以浮雕制品为主，大多出口到日本等国作壁炉的装饰用，一年后圆雕制品研制成功，以仿古代青铜器为主；后来厂里又生产彩绘仿古木雕，经过几年的不断改进，终于形成了仿古木雕的系列制品，很受海外市场的欢迎，订单不断增加，产品大量出口，为国家创造了巨额外汇。

南京仿古木雕，品种多样，既有仿古器物，如仿青铜器等，也有人物类、花鸟类、走兽类，其中以仿唐马最有特色，影响也最大。据南京工艺雕刻厂当年的木雕设计名师刘道凡回忆，80年代南京仿古木雕仿唐马品种曾大量出口美国，后来了解到，原来是美国军人对它情有独钟，很多军人家庭都会在客厅陈设一件南京制作的仿唐马木雕。南京仿古木雕中，佛教题材的运用也很多，如各种观音、苦行僧、弥勒佛、达摩塑像等，现在南京工艺美术总公司还保存着当年制作的一尊仿古木雕《十一面观音菩萨》，弥足珍贵。

当时，南京工艺雕刻厂还承担了南京主要寺庙等古建筑的雕刻修复任务，如鼓楼的雕檐花壁、龙凤宝塔、灵谷寺的灵塔等，尤其是80年代

省级代表性传承人王学农正在创作

初栖霞寺毗庐宝殿里的“二十诸天”及韦驮、弥勒佛等塑像造身，均由该厂完成。

南京仿古木雕的仿古，不是单纯的摹仿，而是在融汇了古代文物精髓的基础上，结合了南京工艺美术的地方特色进行的二度创作。如仿唐三彩马，其内容、造型、气势并不完全雷同于唐三彩；又如做旧时，采用南京独特的金箔贴金技法，经打磨后呈现斑斑驳驳、古色古香的特点。它的仿古特色，在全国独树一帜，与牙雕一起形成了南京独有的仿古雕刻体系。

目前，南京仿古木雕已被列入江苏省、南京市非物质文化遗产名录，南京市工艺美术总公司为项目保护单位，王学龙为省级代表性传承人。

（陆　晔）

南京瓷刻

瓷刻，在我国众多的雕刻艺术门类中，是历史较短的一个品种，始创于清朝初年。清初的几个皇帝，尤其是乾隆帝，非常喜欢在宫廷珍藏的前朝瓷器珍品上题词，然后再命工匠在器物上凿刻下来，以求永久保存。于是，瓷刻艺术就这样诞生了。南京瓷刻，在我国瓷刻艺术中，具有非常重要的地位，因为清末南京产生了一个瓷刻领域的重要人物——华约三。

华约三为南京民间画师出身，后以瓷刻为生，早年曾在南京和上海从艺，擅长在白瓷上采用双钩刀法刻制书法、人物等，技艺高超，风格秀雅。1902 年他被清廷农工部工艺学堂聘为瓷刻教师，传授技艺，学生有 20 多人，民国时期我国南北著名的瓷刻名家朱友麟、陈智光、戴玉屏等人，都是华约三的高徒。他的技艺对民国时期北京、上海、南京、杭州、扬州等地的瓷刻产生了很大影响。

现存最早的南京瓷刻实物，为南京市博物馆收藏的一件瓷刻插屏《啸马图》，系清宣统二年南京民间画师胡郯卿绘图，由华约三的弟子戴玉屏作刻瓷加工，弥足珍贵。20 世纪 40 年代，华约三的第一高足北京瓷刻名家朱友麟，其子朱啸山应邀来南京定居并从事瓷刻艺术。1962 年，南京市工艺美术研究室（后改为研究所），聘请朱啸山带徒授艺，学生有董良观、胡嘉鄂、姚德珍等人。此后这几位学员的瓷刻作品，多次被国家对外文化交流委员会定购，作为国礼赠送外宾。大型瓷刻红木镶嵌屏风《永乐宫壁画》，被金陵饭店作为总统套房的陈设艺术品。目前，南

《江山万里图》

《天生我材》

京瓷刻的代表作有陶数成的《江山万里图》、黄羚的《秋风纨扇图》、曾斌的《十大元帅》等。

南京瓷刻的制作，主要有以下几个重要环节：

选瓷：以白瓷为主，要求瓷面光洁、细腻，针孔多的不宜用。

工具：选用天然金刚石或优质合金钢制成的刀具。

画面创作与摹绘：一种为作者自己创作，一种是摹制名人字画，用毛笔把画稿勾描到瓷器上。

凿刻：瓷刻中最重要的环节，以刀代笔，先深刻，后浅刻。

着色：刻成以后，根据画面需求，适当填嵌颜色，以淡彩为主。

现在，南京瓷刻已被列入省级、市级非物质文化遗产名录项目，南京工艺美术行业协会为项目保护单位，市级传承人有陶数成、黄羚，区级传承人有曾斌。

（陆　晔）

南京泥人

南京泥人的渊源，可以追朔到明清时期的寺庙佛像艺术，当时南京及周边地区有些寺庙里的佛像，不少就是由南京民间的彩塑艺人制作的。清代末年，升州路一带小摊贩售卖的泥人工艺品，是民间艺人用朝天宫冶山的泥土捏制而成的。20 世纪 50 年代，田原、柯明、高马德等南京著名画家，走向民间艺人学习的道路，参与创作具有浓厚的民间装饰趣味的泥人工艺品。与此同时，原无锡泥人厂的青年艺徒陈月仙、陈国英等人，从南京艺术学院毕业后，分配到南京菊花戏衣社工作，和田原的学生黄建强等人合作，并结合南京地方特色，组建了一支泥人制作队伍，产品主要有传统的戏剧人物和装饰彩塑小品，以后泥人制作又并入南京工艺雕刻厂，成立了泥人生产车间。同时，南京工艺美术研究所也成立了泥人工作室，还发展了江宁周岗工艺厂和南京夫子庙彩塑厂，生产制作泥人工艺品。

南京泥人在江苏省内及全国具有较大的影响。1963 年南京泥人参加了在北京北海团城举办的南京工艺美术展览，陈月仙等艺人在现场作泥

《跳绳》

《贵妃醉酒》

人技艺表演，获得很高评价；陈月仙创作的《水浒108将》泥塑，在1978年的全国工艺美术展览会上引起很大反响。1980年在日本名古屋市举办的南京工艺美术展览上，数千件南京泥人工艺品受到好评，并销售一空。

南京泥人，由于一些著名美术家参与了创作，具有很高的文化和艺术价值。品种主要有彩塑小品、戏曲人物和民俗生活三大类。它结合南京的地域特色，创造了“三分塑像，七分彩绘”的独特的艺术风格。它以塑为基础，重在彩绘，用色明快、鲜艳，对比强烈；造型小巧、洗练而夸张，塑造中追求幽默、诙谐、传神的情趣，重在意境的表现，装饰趣味浓厚。

南京泥人的制作过程：首先是备料，选用有粘性而又细腻的泥土，经过捶打、摔揉，和好备用；其次是塑造成型，其中有的是直接塑捏而成，从头捏起，由上到下，分段组合，一气呵成，批量生产的则需要先制作泥模，再翻模成型；最后是彩绘着色，从人物表情到衣服皱褶等，都要做精致细腻的描绘。

目前，南京泥人已被列入省级、市级非物质文化遗产名录，南京市工艺美术总公司为项目保护单位，市级传承人为黄建强、何斌。

（陆　晔）

六合民间画

六合民间画，又称四合农民画、冶山农民画、六合农民画，主要流传于六合冶山街道四合墩社区及周边一带。

《麒麟送子》

受吴楚文化影响，六合民间盛行木刻、剪纸、灶头画、中堂画、刺绣等，民间艺人较多。新中国成立后，原四合乡文化站成立了一个民间美术爱好小组，都是农民，平时务农，闲暇画画。大家在一起切磋画技，展示作品，后来队伍逐渐壮大，并形成了自己独特的绘画风格。

六合民间画主要采用水粉作画，作品既有江南水乡的秀丽委婉，又有淮北平原的粗犷豪放；在题材上，有的取材于古老的民间习俗、神话故事和民间传说，有的取材于富有时代气息的农村生活和对未来的憧憬；在手法上，以农民独创的绘画语言，讲情不讲理，构图不受空间和时间的束缚，色彩不受自然真实的局限，形体不受常规比例的制约，大胆地运用夸张变形的艺术手法，没有局限性，形成了虚中见实、土中见雅、拙中见美、民族特色鲜明、乡土气息浓郁的风格。

20世纪80年代，四合农民画在江苏省美术馆成功举办画展，并应邀赴美国圣路易斯市、日本名古屋市、中国北京等地展出。多次在全国及省市获奖，名声越来越响，早在1988年原六合县就被文化部命名为“中国现代民间绘画画乡”。

如今，六合民间画更受到政府重视和老百姓喜爱，走进冶山街道，在居民的院墙上，在村边的宣传栏里，在马路边的站台上……沿途到处

《绣花鞋垫》

可见一幅幅色彩艳丽的农民画，真的是“鱼在水中游，人在画中走”。

在冶山风景优美的南湖公园建有2000平方米的六合农民画艺术中心，每天都会有4位农民画作者在艺术中心现场创作展示；“六合法制农民画”已成为南京普法品牌；2010年在江苏省美术馆成功举办六合农民画精品展；多次举办全国性大规模的农民画精品邀请展、拍卖会、交易会；编辑出版了多本农民画作品集，组织开发了农民画礼品画以及宣传画、挂图、台历、挂历、折扇、团扇、文化衫等农民画衍生产品，发行量已超百万件。

进入新时期，六合民间画保护得力，传承有序，展现出勃勃生机。

（王　艳）

周岗红木雕刻

周岗红木作品

清末民初，周岗红木雕刻工匠黄传庚，以他杰出的雕刻技艺在江宁县、溧水县、句容县及皖南地区享有盛誉。1972年周岗在南京周边率先建立红木工艺厂，由现在的周岗红木家具厂工艺师戴德生、张卫东、沈国辉、朱金财、潘飞等人，挑起现代红木雕刻工艺的大梁。2007年周岗红木雕刻被南京市人民政府列入首批南京市非物质文化遗产名录。

周岗红木雕刻传承于苏州香山派，但兼收京、苏、广各派之优点。它采用明清家具的榫卯工艺，用料考究，非真材实料不用。其产品精雕细刻，厚重但不笨拙，轻灵而隽秀，并蓄古典、现代之精华，生活气息浓郁。

红木雕刻的家具及工艺品融实用性、观赏性、保值性于一体，堪称金陵一绝。江宁红木雕刻以传统手工艺为主要手段，以各种优质红木如紫檀木、酸枝木、鸡翅木、花梨木、铁力木、红檀等为原料，木雕制品主要有明清式、欧式家具类及佛像、动物、仿古木雕等工艺品两大类，题材内容广泛，具有强烈的民族传统色彩。

传承人正在雕刻

（张为农）

南京微雕

微雕是中国工艺美术中独具风格的“特技”之一，又称“神刻意雕”。中国微雕艺术历史源远流长，最早可追溯到2000多年以前，陕西固原出土的西周甲骨残片，就雕有小如米粒的篆字，笔画细如发丝。

傅抱石先生，不仅是国画大师，亦是篆刻和微雕巨匠。其71方印章中有一方“采芳洲兮杜若”闲章格外引人瞩目，仅2.8厘米 ×4.0厘米大的鸡血石印章侧面，以行书雕刻《离骚》全文及序、跋于其上，共2765字，堪称微雕巨作。

微雕的特点是雕刻时，肉眼看不到字，全凭感觉运力，以微取胜，微中见宏。微雕艺术“艺在微”，愈是细微，功夫愈精，价值也愈高。微雕十分讲究画面和章法的艺术，“意在精”，雕刻师首先要有很深的书法和绘画功底，虽然微雕细微到无法用肉眼辨认，但在放大镜下仍然十分精美，如同大幅的书法精品。

《松鹤长寿》

微雕选材特别讲究，首先材质要求绝对精纯，容不得有半点砂格和半丝裂纹；其次，微雕的刀具是一种特殊的细刀，既要尖细，又得锋利；第三，微雕要有特别精熟的书法和国画功底，雕刻的时候才可进行“意刻”；第四，雕刻时要屏息凝神，集中意念，毫厘千钧，一气呵成；第五，运刀要稳、准、狠，只有这样，才能使书法和刀法笔意达到完美的统一。

南京微雕艺人罗彪技艺精湛，独成一派，其代表作为《十八罗汉佛像》，造型绝美令人叹为观止。罗彪的六个子女均秉承父业，工字画、擅微雕，尤以三女罗兰最为突出，技艺之精让人称奇。

（小　路）

石桥门笺古意浓

浦口石桥门笺俗称天剪、过门笺、门吊子或挂钱等，是一种纸张雕刻美术彩绘工艺制品，属剪纸的范畴。

门笺主要是用于农村的传统节日或喜庆日子进行张贴或悬挂，以增添节日喜庆氛围。门笺一般用红纸或彩纸剪刻而成，呈长方形，镂空的装饰有方孔钱纹、万字纹、水波纹等，上有吉语题额，中有吉祥图案或福禄寿喜等字，下有多种多样变化的穗，人们在除夕或元旦将门笺贴挂在门楣上，以为新年的吉物。自古以来，贴门笺这一民俗十分盛行，成为新春佳节一道亮丽的风景线，其用意是祝吉纳福。此外，也有用于祭祀和图腾的门笺。

石桥门笺源于古代的幡，它的起源、发展，始终演绎着避祟驱邪、纳福求祥的内容。《续汉书·礼仪志》称：“立春之日，京都立春幡。”清代《杭州府志》亦称：“琳宫梵宇，剪五色纸形如旗足，贴于门额……上书风调雨顺，国泰民安等语。彩笺五张为一堂，中凿连线纹，贴梁间以压胜，曰：挂笺。”

胡彰锡是石桥门笺的代表性传承人。他自小就从父亲那里学来了这门手艺，直到古稀之年，仍以制作门笺为生。

门笺的制作主要分为四步：首先是裁纸，选择大红、玫红、绿、蓝、金黄等各种颜色的纸张，裁剪整齐；然后是画样，经过构思，在白纸上画出字样和各种凿眼；接着是雕

刻纸贴花

浦口胡氏妆花门笺

刻，裁好的纸张每50张为一版，和画样一起用钉子钉在蜡板（用香末、羊油制成）上，用凿刀凿好每一个凿眼；最后是贴金，就是雕刻好金色字、画等，贴到相应的部位上。另外，门笺的张贴也是有讲究的。胡彰锡说，按传统是要贴单数，一般根据院门、堂屋大门到里门从11张、9张、7张，最少贴5张不等。

为了突出喜气，门笺大多颜色鲜艳，上面的图案或字也多是吉祥寓意，如“福”、“禄”、“寿”、“喜”、“全家奔小康”等。由于张贴时只是将每张的上端黏贴，下端可随风飘扬，因此在有风时看起来效果特佳，既有祝福之意，又有观赏效果。

石桥门笺，中国工艺美术剪纸的一种，是对中国祭祀文化、和谐文化、节庆文化的有效传承和发展，其迎风飘动的五色纸，将永远凝结着中华文化的多彩和多元，也昭示着乡村丰富多彩的文化生活。

（袁　铭）

传统技艺

淳朴智慧的南京人民，历经了六朝古都的风风雨雨，他们敞开胸怀广泛吸纳各地优秀的传统技艺，并与南京当地的历史文化相融，在传承和发展的过程中创造了有南京特色的传统手工技艺。从这些传统手工艺中，我们看到了千姿百态的南京人的生活方式，感受到了丰富多彩的古都人的精神追求和文化品尚。

这些世世代代匠心独运、身手不凡的手工艺者，曾经极大地丰富了南京人的生活。南京云锦“寸锦寸金”代表着中国古代织锦技艺的最高水平；金陵刻经处版本刻印精工考究，佛像雕刻精细，形象庄严华美，为版画艺术和文物之珍；南京金箔锻制技术打出的金箔薄如蝉翼，软似绸缎，是中国民间工艺的独门绝技；南京老字号宝庆银楼的手工金银摆件名闻天下；历史悠久的绒花、真金线、折扇、羽毛扇等工艺，都颇受人们喜爱。

还有名满四方的南京美食。古都香茗雨花茶、六朝风味金陵鸭、南派清真马祥兴、京苏大菜的鼻祖江苏酒家、南京时蔬的口碑绿柳居、“江南清真”安乐园、“秦淮一楼”永和园、“百年面点”刘长兴、“佛门素食”鸡鸣寺、南京香肚、六合牛脯、夫子庙风味小吃“秦淮八绝”样样都令人赞不绝口。

（文　飚）

南京云锦

织品下机

南京云锦的起源大致从东晋政府在秦淮河畔，以长安迁来的百工为主力创建“锦署”（417年）起。“云锦”一词在南朝史书记载中的出现，至少也有1500年的历史了。已有的资料证明，南京云锦在元明清时期十分盛行，直到现在，其生产流程和技术传统一直传承延续着。云锦业的发展和宫廷官营织造密不可分，元明清时期各朝廷均在南京设立官办的织造机构，专织内廷御用品，促使云锦织造从规模到技艺都得到了空前提升。

云锦继承了我国古代丝织工艺的优秀传统，并在设计意匠和织造技艺上都有新的创造，具有鲜明、强烈的地方工艺特色。云锦织物雍容华贵，金碧辉煌，满足了皇家御用品的需要。正因为云锦长期以来是宫廷用品，一味求精，在制作中不惜工本代价，才使云锦后来者居上，达到织锦工艺登峰造极的地步。

云锦因其皇室专用的特殊地位，对艺术和织造的要求极高，在图案的取材、构成、配色、纹样设计、挑花结本、造机、原料准备和织造等方面形成了一套完整的体系，并产生了“库金”、“库锦”、“库缎”、“妆花”等优秀的传世品种。

云锦技艺体系由材料准备、纹样设计、挑花结本、造机、织造等120余道工序构成。云锦用料极其考究，蚕丝炼制染色、扁金锻制、圆金和孔雀羽线搓制，要用特殊的工具和方法进行加工；纹样设计既要考虑形象、寓意和配色，还要考虑织物的组织结构，然后绘制成符号化的意匠

清代皇帝龙袍

图；对照意匠图，使用挑花结本技艺用丝、棉线将所有信息挑制成供织造用的花本；再根据所织品种和规格，把经线按照地部、纹部组织的不同要求安装到位；最后由两位艺人通过操纵长 5.6 米、高 4.5 米、宽 1.4 米的大花楼木织机，完成提经织纬和多种组织结构的织造。其中“妆花”的织造工艺最为复杂，这种利用通经断纬、挖花妆彩的织造技艺，直到现在，仍然无法完全用现代机器来完成。

云锦艺人不断总结经验，将技术规范和操作要领编成简练的口诀或歌谣，织造时上唱下和，场景颇具艺术性。云锦图案花形硕大、造型优美、设色浓艳、配色自如；织物织金夹银、华贵大气、极工极巧，是中国彩织锦缎中的极品，也是中国古代织锦技艺最高水平的代表。

2006 年云锦被国务院列入中国首批非物质文化遗产名录，2009 年又被联合国教科文组织列入人类非物质文化遗产代表作名录。

（庄国华）

渗透佛性的金陵刻经

金陵刻经处大门

我国刻经工艺正是随着佛教在中国的兴起而逐步发展、完善起来的。清同治五年（1866年），我国近代佛教复兴奠基人杨仁山（1837~1911年）等有识之士创办了金陵刻经处，它是我国最早成立的刻经处，也是近代中国第一家由私人创办的融经书收藏、雕刻、印刷、流通及研究于一体的佛经出版机构。

金陵刻经处建立后，在杨仁山的主持下，为弘扬佛教文化做出了重要贡献。此处刻印流通的经书，被各方信众称为“金陵本”。“金陵本”刻印精工考究，它流通的佛经、佛像多由当时南京著名的刻工潘文法、甘国有、姜文卿等人刻成。其中姜文卿作坊因其刻印技术高超而业务最盛，参与写、刻、印、订诸环节的工人常常需五六十人。由于姜文卿刻字远近闻名，江南的许多藏书家、学者、文人刻书很多是由该处承刻，知名的有江阴的缪荃孙，金坛的冯梦华，南京的魏家骅、吴梅、卢冀野等都是该作坊的老主顾。因此，各方人士都认为金陵刻经处的版本最为精善。

金陵刻经处雕刻的佛像版非常精美，尤其是光绪年间在杨仁山的亲自主持下，以古时名人所绘菩萨像为底本，选聘著名刻工刊刻的18种佛像版最为珍贵。这些佛像雕刻精细，形象庄严华妙，实为版画艺术和文物之珍品，如慈悲观音像，是康熙年间金陵画家周王寻仿唐代吴道子画而制成，采用了“兰叶描”和中国传统的衣褶画法。其像右腕的衣褶，内外层次分明，刻画细腻；手指修长，具有“吴带当风”的动态美感；雕刻精细，缕缕发丝刻画分明，保持了原画的精神和笔锋特色。现在，

经版楼内景

18幅佛像版保存基本完好，已作为国家文物加以保护，陈列在金陵刻经处展览室的玻璃柜中。

一个多世纪以来，金陵刻经处几经兴衰。1949年以后，在赵朴初居士等佛教界人士和各级政府的关心支持下，金陵刻经处成为全国唯一的一家刻经处。1982年金陵刻经处被定为江苏省文物保护单位。现馆内收藏经版12.5万块（其中有自刻经版4.7万余块，大型佛像雕版18块），包括经籍1500余种，1.3万卷，是全国佛典图像刻版的总汇。全国各地的重要经版基本上都集中于该处，这里还珍藏了杨仁山居士从日本寻回的中国古代典籍百余种。金陵刻印处既是世界上规模最大的收藏汉文木刻经像版的宝库，又是蜚声海内外的中国木版雕刻、水墨印刷、汉文佛教经典收藏的唯一机构。

2006年金陵刻经印刷技艺被列入国家级非物质文化遗产名录，2009年又被联合国教科文组织列入人类非物质文化遗产代表作名录。

（吴寿庚　武延康）

南京金箔

工人正在打箔

栖霞区龙潭沿江一带是生产金箔的故乡，曾经有句老话形容这里的金箔业：“五里路长的带子洲，日夜灯火不歇。”这里的人家几乎都曾出过打箔艺人。旧时家家供有葛仙翁之神位，一年四季摆供上香，每逢年节，艺人一家老小都跪拜在葛仙翁神位前，祈求打箔顺利。

葛仙翁是我国金箔业的创始人，真名葛洪。传说很久以前，吕洞宾来龙潭会见葛仙翁。吕洞宾见供奉的神像没有光泽，细看原来都是泥塑的。葛仙翁说要用金子装点神像，可是又没有那么多的金子。两人遂商定为人间开创一个用金不多，但又能让神像发金光的饰金术。他们约定各为一尊泥像捶造金皮裹贴，看谁先完成。两人把自身的金饰品拿出，垫在石块上捶打起来。他们打得浑身燥热，吕洞宾趁葛仙翁去长江里洗澡的空儿，多打了许多块。葛仙翁急中生智，把石块斜横起来，将金子放在石块的棱角疙瘩顶上捶打，身上的黑道袍裹在金皮上他也顾不得整理，反而觉得裹了一层道袍打得更利索了。不一会儿，葛仙翁就超过了吕洞宾，而且捶打出来的金皮又薄又光亮。

葛仙翁在出道前是个农民，他常常在耕田时还思考着打金箔的事：手中的犁用起来得心应手，耕深耕浅只要轻轻控制好犁梢即可。这次和吕洞宾比赛打箔，他忽有所悟：我们打箔，要是有这样一个犁梢状的石头捻子，不是更能得心应手，要打多薄就有多薄吗？

于是葛仙翁发明了金箔，然后在龙潭一带传开了工艺。随着后人的改进，黑长衫裹垫工艺被乌金纸取代了，金皮越捶打越薄，成为现在金

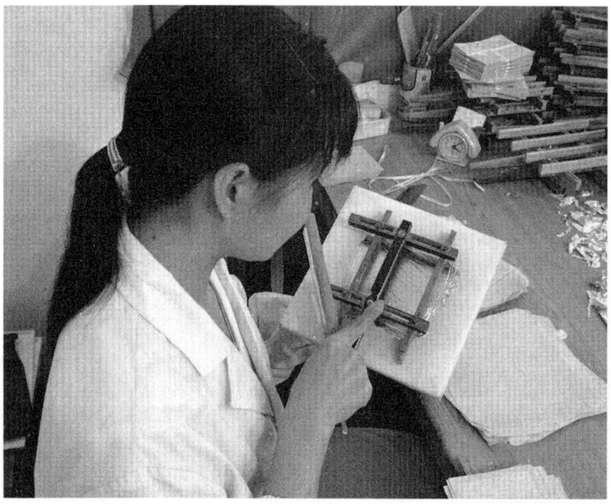

工人在小心切箔

箔的样子。南京金箔锻制技艺保留了中国古代传统的冶炼、打制等多种技艺，将金箔锻制过程归纳为12道工序，这一过程神奇微妙，真是中国民间工艺的一绝。经科学测算，一张金箔经3万次捶打后，薄如蝉翼，软似绸缎，仅有0.1微米薄。让我们换算一下，1万张金箔只有1毫米厚。

南京金箔被广泛应用于药品、食品、化妆品以及贴饰装潢庙宇、佛像、建筑物、家具和工艺品等。北京中南海、天安门、故宫，河南少林寺，西藏布达拉宫等地建筑装饰的金箔均为南京所产。当今中国所有的寺庙几乎都有南京金箔在闪光，南京金箔还远销东南亚和欧洲市场，国内外许多著名建筑物上也喜用南京金箔装饰，南京金箔的产量占了全球产量的一大半。

2006年，南京金箔锻制技艺被列入首批国家级非物质文化遗产名录。

（管秋惠）

匠心独运的金银饰品

经典摆件“十八罗汉”

南京宝庆银楼始建于清代嘉庆年间，从事传统金银饰品（摆件）工艺已近200年历史。光绪十二年（1886年）宝庆银楼从宁波迁至南京驴子市（今建康路），艺匠来自江浙沪一带，大多身怀绝技。清末经典摆件“八仙过海”、“十八罗汉”、“唐僧取经”等作品形神兼备，充分展现了金银摆件工艺的成就和特征。

民国时期，“宝庆”工艺居南京众银楼之首。1929年佳作“银鼎”摘取“西湖博览会”特等奖桂冠。

1949年以后，宝庆银楼迁至南京太平南路107号。一批当年宝庆艺匠保留下来的传统工艺在人脉、艺脉、技脉和文脉上得到了传承。

1984年，宝庆银楼第一个在国内同行业恢复老字号店牌，金银摆件工艺有了新发展。由中国工艺美术大师王殿祥设计的经典摆件“金龙腾飞”、“万象更新”、“三马拉车”等，运用失腊法、金银错和景泰蓝等工艺，造型上富于时代气息，工艺上既有继承，又有创新，获得省优、部优和国家银质奖章等荣誉。

2006年12月，宝庆银楼被商务部授予全国首批“中华老字号”企业称号。2008年，宝庆银楼传统金银饰品工艺被列入国家级非物质文化遗产保护名录。

宝庆银楼手工金银摆件工艺承南融北，继承了南派捶、抬、敲、扳、焊、锉、錾、雕、镶、压等技艺，技法纯正，技艺高超；风格上糅合了

宝庆银楼外景

北派技艺特色，将掐丝、累丝、填丝、盘丝等工艺，运用于摆件制作中，是江南实镶錾花工艺传承完整、脉络有序的典型代表。

宝庆银楼手工金银摆件用料纯正，所用主料为纯金、纯银，K金、K银，金焊料、银焊料，辅料为汽油、锡合金、松香、化合粉、胶、硼砂、明矾、皂角水等。

宝庆银楼流程完备，传统手工金银摆件工艺主要包括绘图、雕塑、翻模、拼装、焊接、灌胶、绘錾、表面处理、景泰蓝、镶嵌、装配等项目内容和流程。

宝庆银楼的第一代传承人不详；第二代传承人有童正高、陈松祥；第三代传承人有王鸣鹿、王水连、张棠、江政卿等人；第四代传承人有李镇浩、应康性、王均棠、孙廷权等人；第五代传承人有裘永兴、张学信、邵瑞康、王国元等人；第六代传承人有王殿祥、王培生、周伯和、王正方等人；第七代传承人有沈光喜、杨子江、张建宁、朱建华等人。

随着社会经济的发展、现代技术设备的运用、国外珠宝品牌的涌入，以及人们消费观念的变化，南京宝庆银楼手工传统金银摆件工艺与其他手工艺一样，存在着传统与时尚、民族与外来的撞击，传统制作的金银摆件，因工序繁多、技艺复杂、耗时耗工、生产周期长，不能适应快速发展的市场经济需求而呈萎缩状态，抢救保护乃当务之急。

（吴寿庚　张洪云）

南京绒花

南京绒花历史悠久，晋代顾恺之《女史箴图》中的梳妆仕女头上就戴着精巧的绒花头饰。旧时南京人每逢“一事三节”（一事即婚嫁喜事；三节即春节、端午节、中秋节），均有以绒花作装饰的习俗，女士们将绒花插于鬓边，移步轻摇，婀娜多姿。绒花谐音“荣华”，寓有吉祥、祝福之意。

清代康熙、乾隆年间，南京丝织业的发展达到鼎盛时期，与之相关的其他丝织行业也日臻繁荣。蚕丝的下脚料就用于绒花的设计制作，先进行分类，捻丝、脱脂、染色、钩条、传粘，敷于细铜丝之上，搓成粗细不等的绒条，然后对各色绒条进行连接、围卷、造型、打尖、传粘、装配、修剪等一系列繁杂的工序，制成绒花。色彩以大红、水红、桃红为主，墨绿、葱绿为辅，间以杏黄点缀，色彩对比强烈，明快富丽。

那时南京城内三山街至长乐路一带被称为“花市大街”，各种绒花、绢花、绫花都集中于此销售。江宁织造局有专人采办绒花，供应宫廷。安徽、江西、湖北等地的商人都会来此地采办绒花制品。挑运绒花的叫“挑行”，也称“脚帮”，由于绒花质地柔软，色泽鲜艳，不能受压，不能沾水、曝晒，挑行人用竹编的高篓，内衬油纸，将绒花层层插放，互不挤压，常年四处奔波。

戏曲头饰“旗头牡丹”

民国时期，绒花的制作以家庭作坊为主，一般都是前店后坊。全城约有 40 多家，主要分布在城南门东、门西地区，以马巷、铜作坊、上浮桥等地段为多，其中马巷的“柯恒泰”、“张义泰”、“马荣兴”等三家最为著名。他们可以根据顾客要求即兴创作，作品精致、细腻，造型表现力强。出身绒花世家，六

鬏头花"龙凤双喜"

代从事绒花制作的吴长泉最早是"张义泰"的学徒，南京著名的绒花传人周家凤就是在"张义泰"拜师于吴长泉。1956年，周家凤等传人成立了南京艺美绒礼花生产合作社，设计出许多造型新颖、寓意吉祥的新作品。

绒花最突出的艺术特点，就是在"似与不似"之间。它运用夸张变形的手法，塑造简练生动的形象，表现出趣味浓厚的造型，如形神皆备的丹顶鹤、憨厚的熊猫、滑稽可笑的卓别林、绚丽多彩的奇花盆景等。这些作品远销国际市场并享有盛誉，现在建邺路上有条"绒庄街"就是因制作绒花而得名。

20世纪90年代，绒花制作因成本高、品种少、创新慢等因素，逐渐淡出了人们的视野。2008年，南京市民俗博物馆为周家凤的徒弟赵树宪创建了工作室，他新创作的作品获得了社会各界的广泛认可。

（万宝宁）

南京真金线

褙　金

古代帝王集天下财富于一身，金银大多由皇帝、王侯贵族们占有，常用黄金白银制成各种器物使用或赏玩。黄金白银还有货币功能，用以铸造金币、金元宝、银元宝。后来人们又发明了金箔，在佛像上贴饰金箔、银箔，能极大地利用黄金。

皇家贵胄自然也会想到如何把金银用在服装上，让服饰放射出金银色的光芒，那才算得上真正的“穿金戴银”。把金银用在服饰上，这无疑是一大技术难题，因为金银是一种极软的固体，拉拔成线状，一碰就断，但是聪明的工匠艺人们自元代起就开始使用金银线。

传统真金线制作技艺工序复杂，前后要经过打纸、做粉、揹金、担金、熏金、研金、切金、做芯线、搓线、摇线等十几道工序，最后再将金银线织到布料中制成服装。这种衣服材质不光含丝、棉，还有金银纤维，闪着金银色的光芒，实实在在是“穿金戴银”了，于是有了特殊意义的“龙袍”。

在封建社会，“穿金戴银”是皇帝和王公贵族的专利，明朝、清朝都设有织造府，专门为皇帝织龙袍。江南产丝绸，也产金银线，江宁织造府织造的龙袍，名震遐迩。随着封建帝制的结束，织金织银的龙袍、官服不再制作，金银线的生产近乎消亡。好在近年来国家重视传统手工技艺的保护，真金线制作技艺被列入江苏省级非物质文化遗产名录。

研　金

（管秋惠）

金陵折扇名天下

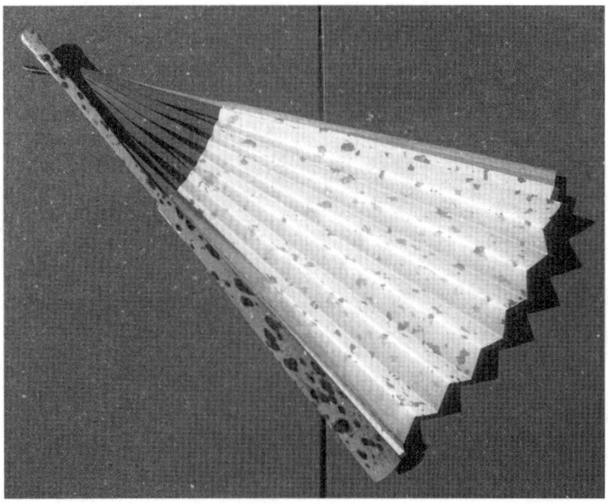
湘妃竹折扇

我国早期的扇子，多为团扇、蒲扇、芭蕉扇，作为后起之秀的折扇，收则折叠，用则撒开，合展自如，携带方便，成为文人雅士和达官显贵的必备之物，受到人们的青睐。

南京产的折扇称“金陵折扇”，根据专家研究发现，早在宋代，南京制扇业就已远近闻名。甘熙《白下琐言》中记载：“吾乡造作折纸扇骨素有盛名。”由于宁扇品质优良，行销之广不亚于杭州油扇，号称“南京折扇名天下”。现今南京秦淮河的南岸仍保留着“扇骨营”这一古老地名。明清时是金陵折扇发展的鼎盛时期。当时南京是江南数省的科举之地，每当大比科考之年，参加科举的士子都要选购一些高档的折扇，待科考结束后带回家乡，闲暇时在其上钤印题诗作画，或自行收藏，或馈赠亲友。清光绪年间，秦淮一带生产、经营折扇的作坊和店家有200多家，1000多名工人，销路遍布全国，一年有100多万把折扇销往全国各地。民国以后，金陵折扇的市场仍然很好，云南、四川、东三省等地的商人长年住在南京，不时地上门订货或收购。

南京栖霞区的龙潭、石埠桥一带早在明清时期就有制作工艺折扇的传统。他们农忙种田，农闲时就在家为苏州、杭州、南京等地的扇铺制作折扇，形成了一批专门从事制扇业的手工业户。

金陵折扇最讲究扇骨用材和扇骨雕刻。扇骨最普遍的是用竹子，有白竹、方竹、老棕竹、湘妃竹、罗汉竹、樱桃竹等等，许多制扇名师还

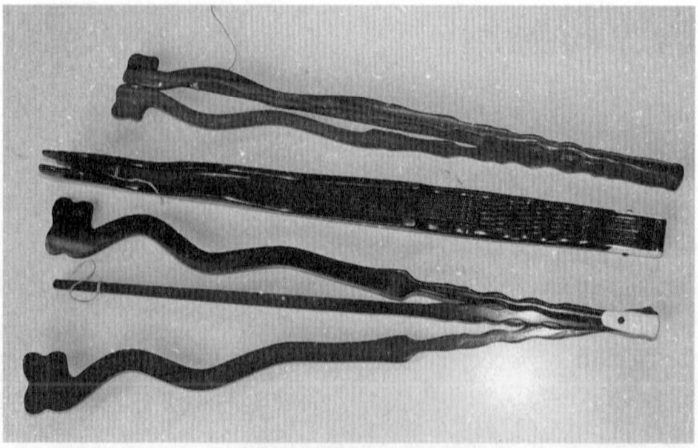
如意连环紫檀扇骨

用象牙、玳瑁、鸡翅木、紫檀木等贵重材料制成扇骨，并在扇骨的大边上镂雕、细刻，有“如意头”、“琴式”、“螳螂腿”、“水浪式”等。扇头有“瓶式”、“荸荠头”、“橄榄头”、“玉兰头”、“方头”、“圆头”、“金鱼头”等。有的扇子采用全雕刻工艺，所镌花草皆玲珑有致，山水风景精致高雅；有的小行、楷书数百字圆转自如，行气倏贯；也有的阴刻阳文，穷工极巧，浑然天成。后来，艺人们在继承旧时扇骨雕刻技艺的基础上，又进一步发展了镶嵌技术。用于镶嵌的材料也很多，如象牙、兽骨、红木类、玳瑁、玉石、红珊瑚、金银、贝壳等。金陵折扇的扇面采用花纹清晰的绵料宣纸，上胶矾裱制而成，厚薄均匀、平正牢韧、久用不裂，配上书画后，令人爱不释手。

金陵折扇在经过数百年的流传之后，生产工艺水平不断提高、品种也更加繁多。省级非遗传承人、江苏省工艺美术大师王克礼从事金陵折扇制作50余年，完整地继承了金陵折扇的传统手工工艺，并有所创新，生产的金陵折扇享誉天下。

（管秋惠）

高淳羽毛扇

高淳老街上的羽毛扇庄

羽毛扇是人类发明最早的一种扇子。据史料记载，中国早在3000多年前，就开始用鸟羽制扇。三国时，羽毛扇的制作形式已有了定型，人们所称的“诸葛扇”，其造型一直传承至今。

高淳地处江南水乡，有得天独厚的制作羽扇的翎毛资源。羽毛扇是高淳的传统工艺品，据考高淳羽毛扇制作已有1000多年的历史，明代曾列为贡品，清代高淳已有许多羽毛扇作坊。1914年，高淳羽毛扇被选送巴拿马“万国博览会”展出。新中国成立后，高淳羽毛扇畅销全国各地，并大量出口。改革开放以后，高淳羽毛扇已发展到80多个品种，远销欧美。

制作羽毛扇的主要原材料是羽毛，羽毛分家禽毛和野禽毛两类。如今，由于珍禽野鸟受到国家保护，高淳羽毛扇的主要原材料是鹅毛、鸭毛以及人工饲养的孔雀毛。

羽毛扇制作，手工技艺复杂，一般要经过配料、洗刷、修剪、戳扣、装柄、缝线等20多道环节，辅以钉菊花柄、裁绒毛、画花等必要的装饰。因此，制作一把精妙的高档扇，需要两三天时间。另外，在羽毛扇上绘画也是高淳羽扇技艺的重要组成部分，绘制的内容多以山水、花鸟为主，使羽扇显得美观大方。

高淳羽毛扇花式繁多，约有80多个品种，从形状分，大体有全圆形、半圆形、宝剑形、佛手形等。同样是用鹅毛制作的半圆形羽毛扇，因为所用毛料的生长部位不同，品种也不同。羽毛扇制作精良，造型优美，使用方便，令人爱不释手，正所谓“千里送鹅毛，礼轻情义重”。

全圆形羽毛扇

进入21世纪后，随着家电的普及，羽毛扇作为消暑纳凉的功能逐步降低，转而成为文化旅游的美术工艺品，深受广大旅客的青睐。2008年，高淳羽毛扇制作技艺被列入江苏省非物质文化遗产名录。近几年来，高淳区政府建立了高淳羽毛扇制作技艺保护基地，出台了一些优惠政策，扶持羽毛扇制作技艺传承人开设生产作坊，带徒授艺，培养传承人，发展特色文化产业。同时通过国家、省、市、区有关媒体多次宣传高淳羽毛扇制作技艺，不断扩大向外地传播、交流，拓展文化市场，从而使高淳羽毛扇制作技艺得到进一步保护和传承。

（汪士延）

绿柳居

太平南路上的绿柳居菜馆

绿柳居菜馆始建于1911年，因坐落于秦淮河畔绿柳之中，故名“绿柳居”，以经营正宗素菜和精美清真佳馔闻名遐迩。1949年南京解放前夕，绿柳居因生意清淡歇业。1963年，绿柳居素菜馆在太平南路杨公井附近重新开张。2000年，绿柳居美食配送中心成立，该中心利用绿柳居的品牌优势，集中力量开发素食速冻食品以及素卤菜、素点心等几大系列，产品于2001年春节投放市内各大连锁超市，供不应求。

绿柳居的素菜、素点上承六朝余绪，下应时令风尚，造型逼真，口味独特，具有鲜、嫩、烫、脆、香的特点；绿柳居的清真菜至清、至真、至纯，注重保持菜肴的原汁原味，出品了一大批深受穆斯林朋友喜爱的佳肴。

绿柳素菜包为绿柳居的拳头产品，它的皮是用精制面粉经酵母发酵，馅是用江南特有的、来自无公害蔬菜基地的矮脚黄青菜、香菇、笋、豆腐干、芝麻、金针菇等几十种原料制成。成品面如凝脂，松软有劲，馅心碧绿，略香微甜。2003年该产品荣获“国际名小吃”称号。

绿柳居不仅有传统风味的素食，更有“水八仙”、“旱八仙”等南京的时令野蔬。绿柳居不仅仅是座百年老店，它的素食、野蔬民俗，无不与文化有着密切的关联。

绿柳居素菜是民俗文化传承的符号。南京是佛教文化重地，每到初一、十五购买绿柳居素食的人会排起长队。

传统素食“罗汉果”

绿柳居素食吸纳宫廷、民间和寺院素食的制作精华，体现了味的鲜美、形的雅致。更体现了江南风味菜肴的清、鲜、淡、雅，注重“以素托荤”象形菜的制作，这是绿柳居素食创造力的体现。

绿柳居素食的制作工艺独特而精湛，以用料广泛、选料精细、做工考究、花色繁多、烹调方法多样、形态逼真而著称。

自古以来，素食是人们的一种饮食文化和生活取向，也代表着一种尚美精神的追求。绿柳居素食与中国佛教文化的传统习尚相融，并以其独特的餐饮载体形式，巧妙地与中国传统文化节日融合至今，源远流长。四季分明的特色蔬菜素食，也顺应和提升了当今人们追求营养、健康、美味的饮食需求。

目前，绿柳居素菜烹制技艺已先后被列入南京市非物质文化遗产名录、江苏省非物质文化遗产名录。

（小　路）

百年面点刘长兴

大麻糕

从府西街一处只能放下4张桌子的小小店铺，到现在遍布南京城区的12家连锁店，这家源自城南一隅的刘长兴面点的美味，不知不觉已飘过百年岁月。

1901年，原本挑着担子在街头叫卖馄饨的刘国发，于府西街马巷73号创办了“刘长兴饺面店”。为了做到真正的“薄皮”小包，刘国发规定，一个笼屉中的4只小包，其所用的4张面皮，重量加起来相当于现在的55克。为确保肉馅和酱油的质量，刘国发指定了食材的采购源头。由此，刘长兴的薄皮小包大受青睐，食客们甚至还总结出吃此种小包的口诀：“轻轻提，慢慢移，先开窗（咬一小洞），后喝汤（卤汁）。”

螃蟹包也是刘长兴的一绝。刘长兴选用脂肥黄多的河蟹，以手工剔出蟹黄、蟹肉后分别保管；制馅时，先将精选的猪肉以手工剁成肉馅后，再放入蟹黄，包馅时再层层铺放蟹肉，这样就确保了每只螃蟹包都有足量的蟹黄和蟹肉。每年一到秋季，慕名而至的食客们总是络绎不绝。1947年，蒋介石举办60寿庆时，特邀刘长兴的师傅前往介寿堂（现南京金陵工人影城处），师傅用自带的馅心原料现场制作螃蟹包，以飨前来祝寿的中外宾客。

刘长兴当时的另一个主打品种——小刀面，也体现了刘长兴独有的面点制作技艺。其在压制方面，是将揉好饧透的面团置于一粗杠下，粗杠一端固定，一个伙计坐在另一端，不断将粗杠抬起压下，一直到把面团压紧压实后再擀成薄薄的一层面皮，面皮叠起后再以手工切成面条，人称“人工跳面法”。

荠菜蒸饺、猪肉大包、花色蒸饺

1956 年，在刘国发长子刘永祥的带领下，刘长兴的发展开始进入第二阶段。刘长兴从府西街迁至中华路与三山街的交叉路口，经营面积扩大至 600 平方米左右。

1987 年，刘长兴面点制作技艺的代表性传承人朱同淼出任刘长兴面馆经理，刘长兴的发展由此进入第三阶段。这是刘长兴飞跃发展的阶段，目前已拥有包括一家中心厨房在内的 12 家连锁店，分布在南京各城区。

刘长兴面点经营品种不断增多。目前，各连锁店每天制作销售的，以薄皮小包、螃蟹包、三丁烧卖、大肉面、鲜肉大包、麻团、南瓜饼和麻糕等为代表的新、老品种面点已达 100 多个。

百年传承、百年发展，刘长兴面点曾多次荣获“江苏名点”、“中国名点”、“中华名小吃”、“中华餐饮名店”、“中华老字号”等称号。刘长兴面点加工制作技艺先后被列入南京市非物质文化遗产名录、江苏省非物质文化遗产名录。

（刘继红）

南派清真马祥兴

清道光二十年（1840年），河南孟县发大水，回民马思发挑一副箩担，携家带口，逃荒来到南京，支起了饭摊子，这就是马祥兴的前身。历经百年沧桑，马祥兴是南京最早、历史最长，且延续至今的第一家清真餐饮名店，也是江苏省乃至全国现有清真菜馆中知名度最高的“老寿星”，稍微上了点岁数的南京人都知道这家清真菜馆。

民国政府定都南京时期，名人政要的推崇让马祥兴的发展达到了空前繁荣。马祥兴拥有一批在政界、商界、文化界都享有盛名的“粉丝”：李宗仁、白崇禧、谭延闿、孔祥熙、于右任、居正、张治中、邵力子、孙科、张群、王世杰等。权贵的光顾与捧场令马祥兴显赫一时，甚至连各国驻华使节设宴招待宾客都首选马祥兴的酒席。回民将军白崇禧尤爱在马祥兴设宴助兴；中央大学知名教授胡翔东、胡小石尤爱马祥兴，甚至在马祥兴“发明”了一道名菜“胡先生豆腐”。于右任为马祥兴写下“百壶美酒人三醉，一塔孤灯映六朝”的对联，至今悬挂在马祥兴的殿堂。这些珍贵的文化烙印成就了马祥兴的鼎盛时代，因此在许多怀旧的人士心目中，这家百年老店无疑是民国史的生动见证。

国共和谈期间，张治中请马祥兴的厨师到家中烹菜，宴请中共代表团的周恩来。20世纪50年代末，北京饭店缺少清真厨师，周恩来亲自批示从马祥兴借调金宏义等名厨进京为中外宾客掌勺，马祥兴的烹调技艺传至首都北京。

马祥兴清真菜馆外景

在此期间，马祥兴诞生了闻名遐迩的“镇店四宝”：松鼠鱼、美人肝、蛋烧卖、凤尾虾。以后又陆续创制了红烧牛筋、锅贴干贝、凤尾鸭舌、锅贴牛肉、煨鸭掌等几十道新菜，当之无愧为南京清真菜谱的代表。

四大名菜之美人肝

跨越了三个世纪，马祥兴改变了清真菜以牛羊肉为主的格局，吸收了南方厨师制作考究的烹饪方法，大量采用江南鲜活的鸡鸭鱼虾和蔬菜为原材料，融南北烹饪技艺特色于一身，菜肴精细美观，口味鲜美清淡，是我国江南民族杂居区南派清真菜肴烹制技艺的杰出代表。

如今，马祥兴百年品牌深入人心，不仅被穆斯林认可为最正宗的清真餐馆，成为政府接待宗教人士和海外穆斯林宾朋的首选，更受到广大南京市民的青睐，先后获得“中华老字号”、“全国餐饮名店”、“放心早餐工程”示范店、“江苏省著名商标”、“中国清真餐饮十大品牌”等多项荣誉；马祥兴清真菜烹制技艺已被列入南京市非物质文化遗产名录、江苏省非物质文化遗产名录。

（袁　野）

美味珍馐南京鸭

江苏省非物质文化遗产传承保护基地

“古书院，琉璃塔，玄色缎子，咸板鸭。”这首从明朝流传至今的民谣，说的是南京享誉中外的四宝：江南贡院、大报恩寺塔、云锦和板鸭。鸭，这个民间常见之物，从此登上了大雅之堂，成为南京人心目中无可替代的一道美味珍馐。

南京地处长江下游地区，四季分明，雨量充沛，水质清、凉、甜、绵，属弱酸性水。得天独厚的生态环境为家禽生长、繁衍创造了优良的环境。

南京板鸭、盐水鸭制作技艺历史悠久，其发源地在南京市江宁区湖熟镇。它是指以鲜（冻）光鸭为主要原料，适量添加葱、生姜、八角等天然香辛料，经炒盐腌制、清卤复腌、晾挂（或烘干）、低温煮制而成的成品。南京板鸭、盐水鸭历史上又称官礼贡鸭，为南京特色鸭馔。

关于盐水鸭的起源在南京流传着各式各样的版本，众说纷纭。其中，流传最广、影响较大的有以下几种说法：《陈书》记载：早在南北朝时，梁魏在南京北郊交战，“炊米煮鸭”，“人人裹饭，媲以鸭食”；南宋韩世忠、梁红玉夫妇在京口抗击金兵，士兵用荷叶包裹煮鸭充饥；明太祖朱元璋用腌制好的鸭子做军粮等。

早在春秋战国时期《吴地书》就有关于吴王筑城养鸭的记载，宋代已有“金陵鸭馔甲天下”之美誉，明神宗万历四十五年有“用微暖老汁浸润之……为板鸭”的记载。明代南京板鸭与云锦、大报恩寺塔、江南贡院齐名，清末张通之《白门食谱》所述“金陵八月时节，盐水鸭最为著名”。清代，板鸭、苏绣和香醋被誉为“江苏三宝”。清宣统二年，韩复兴板鸭在南洋劝业会上获得金奖。民国时期《南京指南》《冶城话旧》里记述“南京买一鸭可以成全席”，当时已经形成了“无鸭不成席”的习俗，时人称南京为“鸭子都”。从民国时期的“老八大家”到新中国成立后的“新八大家”，再到当今品牌林立，形成以桂花鸭为首的龙头企业集群，年产值数十亿元，“盐水鸭”已成为南京的“城市名片”和独有的“南京味道”。

传统肉鸭养殖

南京板鸭、盐水鸭制作工艺独特：炒盐腌、清卤复、烘得干、焐得足，加工过程中只添加生姜、八角、葱等天然香辛料。炒盐腌制加速鸭肉脱脂氧化；复卤强化鸭肉滋味的形成；低温煮制增强鲜味特性，关键控制腌制、复卤时间、卤水的波美度、清浊度、煮制的温度和时间，这样制作而成的板鸭、盐水鸭皮白肉红，吃起来鲜、香、嫩、滑、爽，回味无穷，久食不厌。南京板鸭、盐水鸭在近千年的历史嬗变中历久弥香，美誉盛传，绝非偶然。

南京盐水鸭获得了中国农产品地理标志登记证书和集体商标认证，2014年《江苏省食品安全地方标准－盐水鸭 DBS 32/002 2014》发布实施，南京鸭业协会出版了《金陵鸭韵》一书，桂花鸭集团连续举办六届“鸭文化”艺术节，对南京“鸭文化”的传承、保护与发展起到了积极的促进作用。

（杨黎明）

古都香茗雨花茶

采茶忙

南京有着悠久的植茶、产茶历史。“江南佳丽地，金陵帝王州”的南京有着得天独厚的自然条件和“山水城林”的生态格局，赋予了南京茶叶独特优异的品质。南京在中华茶文化中占有重要地位，南京雨花茶，为中国十大名茶之一。

南京制茶的历史可以追溯到唐代。唐人皇甫冉《送陆鸿渐栖霞寺采茶》一诗，描写了陆羽在南京栖霞山不畏艰辛采茶的场景。明、清时《六研齐二笔》《江南通志》《金陵待征录》《虫鸣漫录》等志书中均有南京名茶的记载。1905年，清政府派两江总督周馥、郑世璜等6位专家赴印度、斯里兰卡考察制茶业后，遂于1907年在南京创办了江南植茶公所，这是我国第一个将茶叶试验与生产相结合的国家机构，也是我国第一个专业的茶叶研究机构。1926年，南京地区开始大力植茶、制茶。1958年，江苏省委、省政府云集各地制茶专家、学者，对南京茶制作技艺进行了突破性改良，并为了纪念在南京牺牲的近现代革命先烈，将南京地区所生产的形似松针、润绿挺拔的茶叶正式命名为“雨花茶”。

南京雨花茶开创了中国炒青型针形类绿茶制作技艺的先河。该茶造型独特，品质优异，采制过程全部手工完成。雨花茶生产工艺流程复杂，包括“采摘、萎凋、杀青、揉捻、整形干燥、精制（筛分）、烘焙”7道工序，其中整形干燥是形成其独特外形最为关键的工序，成茶形似松针，条索紧细圆直，锋苗挺秀，色泽润绿，白毫隐露。雨花茶经沸水冲泡后芽叶直立，上下沉浮，犹如翡翠，香气浓郁，汤色清亮，滋味鲜醇。

标准成茶形似松针

南京雨花茶是中国绿茶中的珍品，是农业部茶叶科学研究所、浙江大学、湖南农业大学等高校茶学系针型类茶的教学样、标准样。1959 年雨花茶被农业部茶叶科学研究所认定为全国名茶，1981 年起又先后 6 次被商业部评为全国名茶，在历届“中茶杯”全国名茶评比及江苏省“陆羽杯”名优茶评比中均被评为特等奖。2004 年 12 月，雨花茶获得国家原产地域保护资格。2006 年 6 月，雨花茶通过中国标准化学会《地理标志产品——雨花茶》国家标准。2013 年 3 月，获得“南京雨花茶”地理标志证明商标。目前，雨花茶制作技艺已被列入江苏省、南京市非物质文化遗产名录。

（陈盛锋）

秦淮风味小吃

自东吴建都南京以后，南京就出现了炒米点心，西晋左思的《吴都赋》中也有“矜其宴居，则珠服玉馔”的记载。《昭明太子传》亦载：“京师穀贵，太子因命菲衣减膳，改常馔为小食。”唐代韦巨源的《食谱》中关于“建康七妙”描绘小吃的记载，让人感受到当时南京风味小吃的独特魅力。反映南唐生活的《韩熙载夜宴图》中，也描绘了当时流行于秦淮河畔的风味小吃。

清代袁枚《随园食单》中记载，南京一带的点心就有 50 多种。清末以后，秦淮风味小吃以各色包子、烧饼和干丝为三大宗，经营生意兴隆。所有这些，在甘熙《白下琐言》、陈作霖《金陵琐志》、张通之《白门食谱》等典籍，以及《红楼梦》《儒林外史》等文学作品中也有不少记载描述。

秦淮风味小吃主要包括干丝、烧饼、包子、面饺等，累计品种达上百种。在传统风味小吃的具体制作技法上，主要包括和、搅、揉、拉、包、切、剁等案上不同制作方法，以及烧、蒸、炒、炖、焖、拌、烫、炸、熘、烩、煮、烤、煎、熬、炙等一二十种烹饪技艺手段。具体到每个品种小吃来说，制作起来也是有繁有简，时间有长有短，火候温控不一。

秦淮风味小吃主要特征：

咸甜相宜，诸味结合。为适应不同的顾客群，有的还兼有酸、麻、辣、臭等风味。

荤素适宜，干稀搭配。以代表作“秦淮八绝”为例，每一绝小吃都是干稀搭配，具有清淡、鲜香、爽口等饮食特点。

秦淮风味小吃老字号奇芳阁

老少皆宜，应时更新。由于秦淮小吃品种繁多，制作技艺各异，因此具有鲜、香、嫩、烂、脆、酥等不同口感。

开洋干丝和蟹壳黄烧饼

不少秦淮风味小吃品种在岁时节令、婚寿喜丧中，逐渐形成了自己约定俗成的饮食习惯，具有重要的民俗价值。

秦淮饮食文化是秦淮人文文化的重要组成部分，与南京的传统文化、民俗风情等密切相关。

1986年，秦淮风味小吃研究会研究开发出“秦淮八绝”风味小吃，受到社会各界的欢迎。如今秦淮风味小吃已跻身于中国“四大小吃”之列。

（小　路）

秦淮第一楼永和园

荷叶蛋烧卖

“早上皮包水，晚上水包皮”是南京城南居民特有的生活方式。清晨，伴着清脆的鸟叫，沿河踱步到夫子庙的著名茶馆，择固定的雅座，泡一壶好茶，上几道精致的秦淮小吃……用“慢生活”的节奏开启美好的一天，是何等的享受。

千百年来，伴随着夫子庙的儒学兴盛和科举发展，吃喝玩乐等休闲产业应运而生，并成为天下文枢之地的特色文化现象。素有“秦淮第一楼”美誉的永和园，就是在此市井繁华之中诞生的逾百年历史的老字号餐饮名店。

1901 年，商人卞福祥在夫子庙奇望街兴办了“清心居”茶馆。1905 年，清心居茶馆迁至贡院西街，更名为“雪园”。1939 年，卞福祥的侄子卞永生买下雪园茶馆取名永和园，意即天下永安太平、和气生财之意。

朱自清、俞平伯是我国现代散文大家。1923 年 8 月的一个黄昏，两人同游秦淮河，因雪园茶点名噪金陵，于是他俩相约边玩边吃。进了店门他们才发现店堂里人头攒动，八仙桌旁坐满顾客，吃茶点还得排队。等到两人的那一份上桌，不知不觉吃到夜色降临，之后两人便趁着游兴写下散文史上的双璧——同名异文《桨声灯影里的秦淮河》。俞平伯写道：“在茶店里吃了一盘豆腐干丝、两个烧饼后，以歪歪的脚步踅上夫子庙前停泊着的画舫……”朱自清则对店家的烧饼不能忘怀，曾在另一篇散文《南京印象》中深情地描述：“我倒是觉得芝麻烧饼好，一种长圆的，刚出炉，既香，且酥，又白……”而两位大家所描述的正是被列为“秦淮八绝”之首的永和园的开洋干丝和蟹壳黄烧饼。

永和园的“秦淮八绝”

之后永和园历经变迁，直到1986年翻建成三层新楼，并改名为永和园酒楼，“以点带菜，以菜促点”的经营方针延续至今。当代草圣林散之对永和园“一往情深”。他一般不为商家写招牌，但在1976年一次愉快的用餐后主动题下“永和园茶点社”店招。1986年永和园扩建之后，林散之又以大家风范，再次写下“永和园”三字。林散之两题永和园，曾在南京书法界传为美谈。他把“永和园”三字写得就像一对龙凤在起舞，充满了龙凤呈祥的祥瑞之气，由此可见大书法家的匠心独运，以及对永和园的厚爱。

如今，永和园已被国家商务部认定为第一批“中华老字号”，而永和园秦淮风味小吃制作技艺也被列入南京市非物质文化遗产名录、江苏省非物质文化遗产名录。

（袁　野）

清真安乐园

安乐园清真菜馆（龚文新摄）

我国的面点小吃传统烹制技艺历史悠久，汉代已出现“花样”面食，宋人“以晨小吃为点心”，唐代花式点心增多，到清代面点技术发展到鼎盛时期。1920年南京一回族人蔡继恒在评事街64号开设清真菜馆，赋名“安乐居”，1952年更名为“安乐园”，取平安祥乐之意。当时的评事街、七家湾一带是回族居民的聚居地，菜馆生意十分火爆。

清真安乐园菜馆手工烹制技艺是宁派清真的代表，代表性名点小吃有牛肉汤包、鸭肫烧卖、六色套点及什锦菜包等，名菜有汁烹牛筋、响油牛柳、焖钵牛肉圆等。清真安乐园经营品种多达400个，是南京清真餐饮店中经营品种最多的一家，小吃、卤菜、早茶、西点、饭菜五大系列各具特色。

清真安乐园烹制的菜肴和名点小吃始终秉承“清真”特色，严格按照回民的饮食习惯和禁忌制作，讲究食品的可食性、清洁性及节制性，选料讲究，新鲜卫生，制作精细，口味香醇，嫩糯兼致，造型美观。

清真安乐园的烹制技艺是在继承传统清真烹制技艺的基础上发展起来的，有着重要的历史文化价值；其每道菜肴、名点小吃不仅色香味美，而且造型精美，尤以栩栩如生的仿真工艺令人叹绝，独具观赏价值。

百年坚守，百年传承，百年创新，清真安乐园曾获“江苏名菜名点名小吃”、“中华名小吃”、“中华餐饮名店”、“全国餐饮优秀企业”、“中华老字号”等称号，享有“江南清真第一家”之美誉。安乐园清真小吃烹制技艺先后被列入南京市非物质文化遗产名录、江苏省非物质文化遗产名录。

（刘继洪）

京苏大菜鼻祖江苏酒家

南京城南，尤其三山街一带曾经是南京最为繁华的商业区，这里积淀着浓郁深厚的古都文化，折射着源远流长的历史文脉。作为地域文化之一的京苏大菜，在这里得到发展和升华，而演绎京苏菜历史文化的，则是声名远播的百年老店“江苏酒家”和技艺精湛的历代名厨。

江苏酒家前身为“义记复兴菜馆”。当年南京汇集了近代南京烹坛的炉灶泰斗田文富、案板名师吴金生、冷碟巨匠高长海、点心状元尹长贵，他们是当时“京苏大菜”最具盛名的六华春菜馆的顶梁柱，个个身怀绝技。为了更好地传承和复兴京苏大菜，他们决定与位于夫子庙状元境口“邵复兴饺面馆”老板邵宗敬合股开店，店名为“义记复兴菜馆”，意为复兴传统京苏菜。店门正额为“义记复兴”，相传由名厨尹长贵题写，两侧楹柱分别题书“京苏大菜，维扬细点”八字。

该店初创伊始店面并不大，但经营不久即名声大噪，由于四大名厨以及烹饪大师徐筱波等诸位大师的加盟，“义记复兴”顿时成为传承和弘扬京苏菜的研制中心。烹饪大师们在继承传统菜的基础上，群策群力，不断推出刀工精细、口味醇美的新派江苏菜，诸如炖生敲、炖菜核、清炖鸡孚、叉烤鳜鱼、叉烤鸭、茼蒿烧卖等名菜名点，一经推出，影响所及，上溯九江，下至申沪，轰动效应迭现报章，尤其是美轮美奂的筵席大菜制作，达到了当时国内的最高水平。酒店因此声誉鹊起，四方食客络绎不绝，人声鼎沸，车马不绝，成为南京极负盛名的餐饮名店，人们亲切地称之为“小楼”。

飘儿鸽蛋对桂花虾饼

虾茸吐司

江苏酒家还吸引了当时国民党政府国防部、内政部等诸多的政府要员、社会名流和富商巨贾。身兼书法家和美食家的著名教授胡小石、吴白匋先生几乎成了常客。胡小石偏爱这里的炖鱼翅、炖生敲、炖菜核、双冬炖老豆腐、贡淡炖海参等砂锅菜以及熏猪脑仁、清炒鸭舌、烩鸡腰等特色菜。吴白匋教授垂青这里的炖生敲、熏盐水鸭、萝卜丝酥饼；上新河木行富商则对尹长贵研制的冬瓜烧卖等点心赞不绝口。当年一位富商曾经在此设宴20多席，店堂摆不下，只好将余下的酒席设到店旁的马路上，虽然有失观瞻，但氛围却十分融洽，一时竟传为美谈。

1973年，当代著名烹饪大师胡长龄从“六华春”调至义记复兴菜馆主持工作，为了突出菜馆的京苏帮口特色，更名为“江苏酒家”。

目前，江苏酒家已成为“中国民国大菜实验基地”，并设有“民国大菜传承工作室”。江苏酒家京苏大菜烹制技艺先后被列入南京市非物质文化遗产名录、江苏省非物质文化遗产名录。

（袁　野）

鸡鸣寺素食

鸡鸣素火腿

南京鸡鸣寺位于市内北极阁，北极阁原名鸡笼山，因山势浑圆，形似鸡笼而得名。明初，山上建有钦天监观象台，故又称钦天山。清初，山上重建北极阁后，俗称北极阁。鸡鸣寺紧靠台城、北临玄武湖、东接小九华，自然风景绝佳，古为皇家华林园，亦为文人雅士聚集之地。

鸡鸣寺素食可追溯至南朝梁武帝时期，梁武帝本人归佛后，逐渐过上了佛教徒的生活。他颁布了《断酒肉文》条令，禁止僧众吃肉，同时四次舍身鸡鸣寺前身的同泰寺，此为僧人素食的开端。在梁武帝的倡导下素食在当时风行全国，其中僧人素菜烹调技艺精湛，“一瓜可做数十肴，一菜可变数十味”。

鸡鸣寺僧人利用谷物、蔬菜、菌菇、豆制品、魔芋、大豆蛋白等，制作各种素食、仿荤素食及面点。按其制作方法，大体可分为三类：一是卷货类，用油皮包馅卷紧，淀粉勾芡，烧制，如素鸡、素酱肉、素肘子、素火腿等；二是卤货类，以面筋、香菇为主，烧制而成，如素什锦、香菇面筋、酸辣片等；三是炸货类，过油煎炸而成，如素虾、香椿鱼等。

南京鸡鸣寺作为汉传佛教素食制度的起源地，素食文化及其制作技艺在历代传承并不断发展过程中，秉承佛教饮食传统和文化内涵，融合了宫素的精细、民素的天然、佛素的纯正，选料严格，制作精细，命名雅致，烹饪技法博采众长，色、香、味、形、神、皿、质、养、声、境和谐统一。素菜主要以绿叶菜、果品、菇类、豆制品、植物油为原料，

香芹臭面筋

味道鲜美，富有营养，容易消化；模仿荤菜，形态逼真，口味相近或相似。素菜经由技师之手，可以以假乱真，并自产野菜，纯净健康。

鸡鸣寺素食制作技艺，历史悠久，源远流长。新中国成立后，鸡鸣寺一直保留经营素食的传统，各类素食菜肴、素点、素面等一直为民众所津津乐道。1984年重建景阳楼、豁蒙楼，开设素菜馆，恢复鸡鸣寺传统素食供应，对外开放后，每天宾客不断。

（小　路）

禄口皮毛制作

手工割皮

江宁禄口是江苏皮毛之乡，其皮毛制作工艺有一定的领先性与代表性，它始于清光绪年间，在我国江、浙、沪以及海外享有盛誉。

1905年前后，山塘人姚金余带领陶仕贵等人到日本函馆市从事皮毛行业，开设皮毛店。抗战时期，部分皮毛从业人员归国，在苏州、上海继续经营皮毛业。群力村的陶基武牵头，在上海开办“通海”皮货栈，即上海协产公司，专营生皮制革和名贵的皮毛制品。二十世纪三四十年代，皮毛业发展到鼎盛时期。南京、苏州、上海大小皮业作坊和店铺有几十家，分南京、扬州两大派系，禄口皮毛业居众家之首。同时美国、加拿大、日本、中国香港等地都有禄口人在从事皮毛行业。1968年，一批在外从业人员，返回禄口，兴办皮毛加工厂。改革开放后，广州、深圳、浙江、北京和东北三省到处都有禄口皮毛制作从业人员。1979年5月，为振兴家乡皮毛业，爱国侨胞香港皮革联谊会会长、大华制革行董事长张兴富（禄口陆岗村人）投资大量设备，发展禄口皮毛业，不仅进行皮毛加工，而且还能生产裘皮系列产品锁住国内外，为皮毛行业注入生机。

皮毛制作工艺过程复杂、精细、考究，从生皮选择、到裘皮成衣分两大阶段。第一大刀阶段，即生皮硝染制成成品皮手工过程，共有15项程序，配料需水、石粉、洗衣粉或纯碱、漂白粉、食盐、硫酸、甲醛，工具需试纸水槽、水缸、滚筒和铅丝笼、大割刀等；第二小刀阶段，即毛皮成衣手工过程，有9项程序，工具需皮刀、钢针刷、台板、缝皮机、锤、针等。

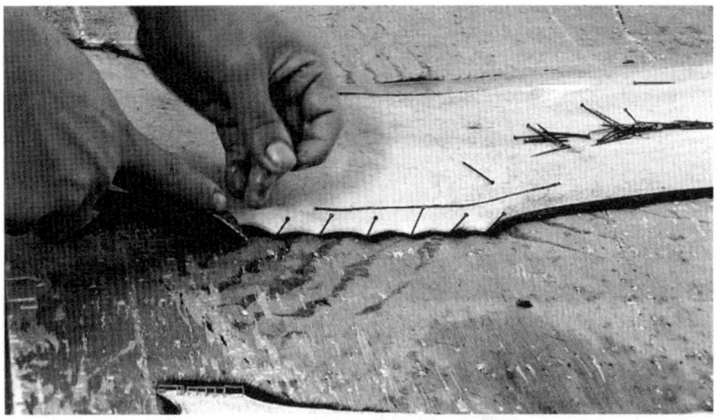

手工钉皮

禄口手工皮毛业生产的主要制品有用水貂皮、黄鼠狼皮、兔皮制成的裘皮服装、褥子、皮毛领等，“华光”牌貂皮大衣被评为南京市优质产品。在庆祝国庆35周年时，“华光”牌貂皮大衣被送往北京展览，获一致好评。

禄口手工皮毛产品选料从优，配皮考究，从生皮加工到成衣几十道工序，全由手工完成；粗、细毛及颜色配搭适宜，规格齐全，造型美观大方，毛质光亮，穿起来使人风度翩翩，气质出众。

禄口手工皮毛业的发展，对当地的经济繁荣与人民生活水平的提高起到了重要作用，但随着社会经济的发展，现在技术设备的运用以及人们消费观念的变化，皮毛制作传统工艺与其他手工艺一样，也存在着传统与时尚、继承与发展的撞击和困惑。

（张为农）

技艺精湛徐氏笔

毛笔，作为一种传统书写工具，是中华传统的文房四宝之一。数千年来，毛笔一直书写着中华悠久的历史文化，是中华文化不可或缺的重要元素之一。

“老三制笔，尽显神通。任性挥毫，八面来风。”这是著名书法家尉天池先生对徐氏制笔的褒扬。

徐地泉，艺名徐老三，出生于毛笔制作世家。其毛笔制作风格，沿用祖上赣笔的传统制作方法，充分吸取湖笔的“坡叠法”制作工序，使毛笔性能与书画风格紧密衔接而形成自己的特色。

毛笔制作工序极其复杂，从选毫到制成，要经过选、配、垫、梳、圆、修、捋等70多道工序，最后毛笔制作成功要开峰尖细，书写流利，柔而不软，刚而含蓄，经久耐磨，其总结概括为“尖、齐、圆、健”毛笔制作四德。

所谓尖，指笔毫聚拢时，末端要尖锐。笔尖则写字锋棱易出，较易传神。

所谓齐，指笔尖润开压平后，毫尖平齐。毫若齐则压平时长短相等，中无空隙，运笔时“万毫齐力”。

所谓圆，指笔毫圆满如枣核之形，就是毫毛充足的意思。如毫毛充足则书写时笔力完足，反之则身瘦，缺乏笔力。笔锋圆满，运笔自能圆转如意。

传承人徐地泉在制作毛笔

所谓健，指笔腰弹力足。将笔毫重压后提起，随即恢复原状。笔有弹力，则能运用自如。

简单地说，徐地泉制出的笔，根稳、腰力

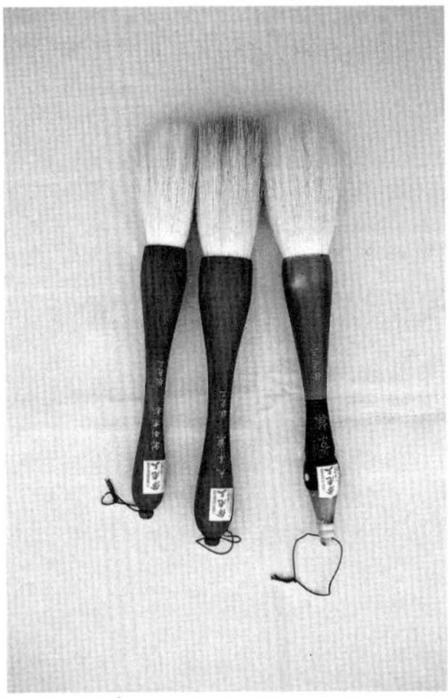
精装毛笔

充足、笔锋灵动、笔尖柔韧，即使外行用起来，也要赞一声“稳”。

但是，徐地泉却不满足于此。他说：每一个书画家的风格不一样，他们对笔的要求肯定也不一样。为此，徐地泉走上了量身定制之路。制笔前，他一定要先与对方交谈，研究对方作品，观察对方是如何写字、作画的，从而把握对方的用笔习惯和需要，然后根据自己对毛笔性能的了解，制作出适合对方用的笔。比如，尉天池写字和一般人不同，习惯按到笔根，而一般人最多用到 1/3 的位置，因此，他曾遍寻而不得“称手兵器”。徐地泉仔细研究他的书写习惯，得出中间要挺、尖要突出的要点，然后精心选配材料、制作，终于制成了让他满意的笔。

徐地泉，一位善于用心制笔的艺人。随着中华优秀传统文化越来越多得到更好传承和发展时代的到来，我们有理由相信，徐氏毛笔必将在中华文化大家庭中书写自己应有的辉煌与灿烂。

（袁　铭）

窦村石刻

窦村石匠在雕刻石像

江宁窦村位于南京东郊，它东南临近青龙山，盛产青石、白帆石等石料，这里的运粮河直通秦淮河，交通便利，取材方便，因而成为大多数石匠汇集、定居之地。明朝定都南京后，又从全国各地调集手艺精湛的石匠来此参加京城建筑，使得石刻技艺在窦村一带传承不息，盛名远扬。

明代，是窦村石刻技艺的鼎盛时期，如修建城墙、明故宫、明孝陵及其南京城内外的许多建筑都可见窦村石匠工程的杰作。光绪年间，窦村艺人修建的窦村古戏台最能代表窦村石刻水平，早年间已被列为南京市级文物保护单位。民国以来，窦村的石刻技艺得到了很好的传承、发扬，据《江宁县志》记载，南京城内三山桥、长干桥、中和桥、五贵桥、珍珠桥、七瓮桥上的水兽、新浮桥上的龙头以及莫愁湖抱月楼墙基上的“武松打虎”、“狮子楼”等连环画均出自窦村工匠之手。特别值得一提的是，新中国成立初期，成天权、王民涛、张长松、潘安保、潘孝顺等 5 名石刻艺人被南京市政府指定参加了北京人民大会堂建设。

窦村石刻技艺主要体现在建筑石构件加工、雕刻方面。明初，窦村的石匠主要担负大型的建筑与桥梁工程的石作部分。随着技艺的发展、生活的需要，出现了石桌、石椅等实用石制品和石书、石象棋等陈设，以及赏玩用石制品，石刻题材的功用也日益多样化。据传，有一方出自窦村石刻艺人之手的镂空小石算盘还流落在民间。在长期的创作、生产实践中，窦村石刻艺人总结经验，不断改进，使石刻技艺融采、切、凿、

窦村一隅

砌于一体，形成了包括选材、打荒、打细、打磨在内的一套完整的工艺制作流程，其手法也灵活多变，制品中阴刻、阳刻、浮雕、透雕等工艺具备。

近年来，由于在传统建筑遗产的保护中重建筑、轻工艺，加之现代技术的发展，石料加工越来越重视机械化操作，轻视石工传统，且石刻属于艰苦行业，从业者日益减少，石刻技艺的传承日渐式微。

（张为农）

龙袍蟹黄汤包

龙袍蟹黄汤包是六合美食一绝。相传乾隆皇帝六下江南时途经龙袍镇，意欲品尝民间野味。因为龙袍是滩涂之地，盛产鱼蟹，村民们便以蟹黄、蟹肉作馅，制成包子，敬献皇上。乾隆吃后，连声赞好。因此，民间又将龙袍蟹黄汤包称之为“乾隆包子”。

每年金秋时节，就是龙袍蟹黄汤包的销售旺季。逢到节假日，许多食客纷纷从四面八方聚集到龙袍镇。镇上数十家饭店家家宾客盈门，座无虚席，大家都在津津有味地品尝汤包。品尝汤包一定要记住十二字口诀：“轻轻提，慢慢移，先开窗，后吸汤。”心急可吃不了热汤包。吃完要走的人，还不忘手里拎一些带回去送人或再细细品味。

龙袍蟹黄汤包之所以深受广大食客喜爱，就是因为它做工非常讲究，是以母螯蟹的蟹肉、蟹黄，新鲜猪肉为主料加以鸡汤、多种调味品制成馅料，再用面皮包制而成。制作要求三钱皮，七成馅，底部成圆形，上部成菊花状，有 33 道皱褶，汤包中间留有小圆孔，露出点蟹黄馅，看起来似秋菊吐艳，甚是精致。15 分钟蒸熟后即可出笼，出笼时的汤包，白白胖胖，成透明状，包内蟹黄和卤汁清晰可见，令人垂涎，咬上一口鲜而不腻，唇齿留香，让人回味无穷。

自 2001 年至今，每年的 9 月 28 日，龙袍街道都会举办“龙袍蟹黄汤包节”，历时一月，吸引大江南北成千上万的食客前来大快朵颐。在龙袍这个小小的集镇上，经营蟹黄汤包的饭店多达五六十家之多，每年接待海内外宾客总量都达到数十万人次。龙袍蟹黄汤包已由原先的经济小吃发展成为了龙袍餐饮业的支柱，龙袍还成立了“南京市餐饮商会龙袍蟹黄汤包分会”，就是为了有力保证制作汤包的传统技艺能不断传承下去，让更多食客一饱口福。

（王　艳）

南京香肚

冰糖小肚

南京香肚是南京地区汉族传统名菜，已有近120年的历史。清同治年间，南京中华门外有家叫“庄鼎泰”的夫妻店，夫妻二人自己动手制作“小肚”，由于所制作的小肚香味醇厚浓郁，故称“香肚”。后来，彩霞街有一家叫“周益兴”的火腿店继承了香肚的制作技艺并有所创新。其制作的香肚腊味醇厚，味美不腻，咸中略甜，鲜嫩可口，成为不可多得的宴席佳品。光绪年间，香肚已行销北京、天津、广州、上海等地。按旧时南京礼俗，凡圆席筵席，香肚所放之处，即首席客人所坐，因此，南京香肚又被称为“独居尊”。

清代袁枚所著的《随园食单》就有过这样的记载：“周益兴铺在彩霞街，八十多年，专制售小肚，闻名大江南北。”

1910年6月5日至11月29日，由南洋通商大臣端方创办的中国历史上第一次大型博览会——南洋劝业会在南京开幕，历时半载，吸引了数十万中外人士，成为轰动中外的盛事。南京香肚因其风味独特，鲜香味美，在百万展品中脱颖而出，被政府作为南京名产向大会推荐。从此，南京香肚更是闻名遐迩，远销海外。1945年，在西湖博览会上，香肚亦是出尽了风头。

老南京人习惯称香肚为“冰糖小肚”，其实就其用料及腌制流程与冰糖并无相干。之所以如此称呼，一则出于市民对它的珍爱；再则，当年的香肚因选料质优、腌制精细，入口鲜香，久嚼之后有甜津津的回味，如加有冰糖一般。它形似苹果，肉质紧实，皮薄有弹力，红白相间，略

晾晒中的香肚

带甜味，既是宴席上的一道名菜，又是南京人日常生活中的佐餐佳品。

南京香肚属于腌腊食品，生产工艺十分独特。它依托南京冬季时间长，温、湿度适宜等得天独厚的自然环境条件，以经过特殊处理的猪膀胱（俗称猪尿泡）为外皮，以精选的猪肉为主要原料，以盐、糖、香料等为辅料，于每年入冬时开始生产，经过拌料、灌装、晾挂风干发酵、入缸贮存等多道工序，历时月余乃成。

百余年来，南京香肚的味道已经融入了南京市民的生活之中，食用香肚已经成为南京人的一种饮食习俗。虽然随着时代的发展，人们的饮食文化发生了变化，但是不少老南京人春节及盛夏吃香肚的习俗仍旧保持不变，特别是在盛夏，暑热难耐，此时一碟薄如蝉翼、红白相间的香肚足以让人精神一振，胃口大开。

（万宝宁）

六合牛脯

六合是回民集聚较多的地方，六合牛脯，又称盆牛脯、盆牛肉，是六合回民的传统清真食品，已有 100 多年历史。

相传清咸丰年间，六合有一姓皇甫的人，有一手制作五香熟切牛肉的高超技艺，后来传至回民常氏三人手里，分别挂起常庆记、常镜记和常玉记的招牌，以“清真盆牛脯”为名出售。之所以称为盆牛脯，是因为以前卖牛脯时，店家会在门前放一张方桌，桌上放只木盆，盆以柏木制成，光滑美观无异味，颇有特色。盆里放着一层层垒起的牛脯，牛脯四周还有厚厚的一层肉冻似的卤汁，老板按顾客购买数量，从牛脯堆上切下一块，在砧板上切成薄片，整齐地码放在碗里，再舀一瓢肉冻状卤汁浇在上面。久而久之，人们就称之为盆牛脯。

牛脯的制作十分讲究，一定要选用膘肥体健、生长 5 年以上的黄牛，取其两肋、臀部、腰旁和大腿肉切块、腌制；再用黄豆酱油、冰糖、生姜、大葱等多种作料制成独家泡卤，陈年老卤沿用几十年，真是历久弥香；将腌制好的牛肉放在老卤中浸泡、叠翻、数小时后起缸、入锅、加调料、文火焖煮几个钟头；最后出锅、修角、上柜、销售。

由于牛脯色味俱佳，口味独特，酥、香、鲜、透，油而不腻，入口稍嚼即化，营养丰富，老少皆宜，深受广大消费者喜爱。早在民国四年（1915 年），六合盆牛脯就获巴拿马食品国际金奖，新中国成立后又多次荣获江苏省及国家食品特色奖、特优银奖等。

（王　艳）

传统医药

南京钟灵毓秀，名医辈出。

古有六朝医家葛洪方山炼丹，神医李时珍栖霞采药，“山中宰相”陶弘景隐居茅山编著名典《本草经集注》首创古代药物分类法，戴天章著《广瘟疫论》救人无数；今有金陵医派承袭世家医宗的医学，开创了“师承教育”与“科班教育”中西合璧教学模式的先河，诊疾民间、悬壶济世，妙手回春。

张简斋，“当世医宗”盛极民国，誉满京华，经方风范，自成一体，处方轻灵，力拨千斤，被公认为“金陵医派”的奠基人和领军人物。丁氏痔科，历经十代，300 年传承，是中国历史上罕见的中医学世家。独门医技张接骨，正骨手法和祖制正骨秘方，历经八代传承，以不破坏骨折部位的血运为原则，创造了中华医术治骨疗伤的神奇。金陵洪氏眼科，观其“眼之局部症状”，究其“五脏六腑之不衡”，“病”、“证”结合，融入阴阳平衡之要，一百多年来造福了无数眼疾患者。朱氏推拿，独创“朱金山四应六法推拿法”，以“平衡推拿疗法”，填补了国内推拿流派和专业的空白。金陵“老药工”杨文琪，出生中医世家，经学南北中药，60 多年来，他精制出了一批药材精品，可谓金陵中药界的独秀。

（文　飚）

丁氏痔科医术

丁氏家传医书、医疗器械及荣誉牌匾（龚文新摄）

据《丁氏族谱》记载，自清代康熙三十九年（1700年），丁氏痔科历经十代传人，至今已有300多年历史，是中国历史上罕见的中医学世家。丁氏家族成员幼承庭训，家学渊源，《丁氏训子孙》有“大医须精诚”的明示，因而丁氏家族子继父业，发扬仁术，历尽磨砺，享誉大江南北，终成医界望族。

丁氏痔科第八代传承人丁泽民，1919年出生。20世纪40年代，他求学于南京国医学校，师从其父丁辅庭老中医及其岳父两淮官医朱霞林老中医，行医数十年。1956年，为了发展中医事业，丁泽民义无反顾地加入南京市中医院，并把凝聚家族200多年积淀的祖传中医秘方、药物、器械及医技，无偿捐献给中医院，创立了肛肠科，并且担任肛肠科主任医师。

在长期临床实践中，他在继承传统诊治方法基础上，不断创新，逐渐形成独特的学术思想、用药、诊疗方法体系。在治疗肛肠疾病方面，他强调辨证与辨病结合的整体观念，运用“多专业一体化”模式治疗疾病；丁氏系列中医药物疗法、枯痔疗法、肛瘘挂线技术、中医结扎疗法等丁氏痔科系列特色技术；丁氏痔科验方研制改良的痔血合剂、清燥合剂、抗炎合剂、利尿合剂；清凉膏、消炎膏、生肌散、青黛散、消肿洗剂、止痒洗剂等内服外用专科制剂沿用至今，提高了疗效和患者生活质量。行医70多年之久的丁泽民，不仅积累了长期的痔科治疗经验，而且在生前他还著书立说，先后编著出版《丁氏痔科学》《丁氏肛肠病学》《丁

丁老使用的制药器具

泽民学术思想与临证经验研究》等相关著作。

丁氏家族过去从医者甚多，民国至今，近40位丁氏族人从医，在长江中下游的十几个城市均可见到族人的医踪。丁泽民四世同堂，三代人中共有14位医师系主要传承人。丁泽民的4个儿子都从事医疗工作，四兄弟的夫人均为医院临床医师，第十代中有3人从医。丁氏痔科医术在南京市中医院的主要传承人有李柏年、王业皇、樊志敏、余苏萍、郑雪平、刘飞和吴崑岚等。

丁泽民自成立中医院肛肠科，又将丁氏痔科传承队伍不断壮大，为省内外培养了1000余名学生，其中有200余人已成为各地的肛肠学科带头人。丁氏痔科医术，已分布至全国30余个省、市、自治区。同时，每年都有许多国内外专家学者参加肛肠科举办的全国或国际学术会议，传承人将祖国医学与丁氏的中医理念及方法通过这一平台展示。

丁泽民生前曾为多届中华中医药学会肛肠分会会长、名誉会长；曾担任亚州及太平洋区域肛肠会议执行主席；为国家有突出贡献专家，曾两次获全国劳动模范称号，1991年享受国务院政府特殊津贴。

（李　珊）

张简斋国医医术

张简斋，在民国时期盛极一时，被尊为“当世医宗”，居“南京二张”之首，还被誉为“南张北施”，可谓誉满京华。

张氏医术一脉传承，其祖辈为“新安医派”传人。张氏迁居南京秦淮鞍辔坊之后，皖、苏、浙一带经常发生瘟疫，张简斋之父张厚之在诊治疫病中，吸收了明代王肯堂、吴鞠通“温病学派”(杂病、伤寒、瘟疫治疗)的学术思想，多有建树，并一一传授其子张简斋。清末至民初，张简斋在承袭张氏医理宗学的基础上，集“新安医派”、“吴门医派”、“孟河医派”、“温病学派”之大成，不断充实完善，并形成张氏国医医术的四大特色：理，辨证精详，独具特色；法，方法独到，不失经典；方，经方风范，处方独到；药，处方轻灵，力拨千斤，被公认为“金陵医派”的奠基人和领军人物。

张简斋一生行医40余载，有着极为丰富的临床经验。他辨证精当，在学术思想上，根据“人以胃气为本”、“胃者水谷之海”，以及“得谷者昌，失谷者亡”等经旨，提出“胃以通和为贵”的主张。张氏运用独特的医术扑灭肆虐的瘟疫而名震天下，他关心和尽力解除百姓病痛，达到了“有口皆碑”的境界，受到医界和社会各界的尊崇，史称“张国医”。1933年，在张简斋的带领下，多位中医界名流共同捐资，在南京门东长生祠1号建立“南京国医传习所”。张简斋还担任过南京、重庆两地的中医师公会理事长。

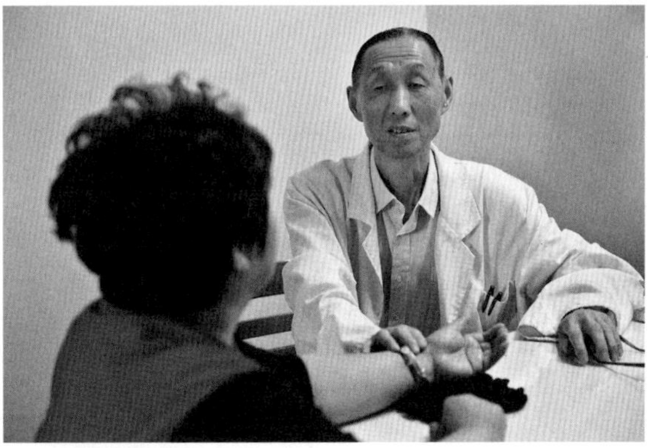

市级传承人汪季直为患者诊疗（龚文新摄）

张简斋重视医术医德的传承，选用优秀人才进行培养，其亲授弟

市级传承人侯俊为患者诊疗（龚文新摄）

子不下百人。已故省、市名老中医邹云翔、傅宗翰、侯席儒、汪六皆、濮青宇、曹渭渔等都是张简斋的嫡传弟子；丁泽民、谢昌仁，以及《江苏中医》杂志原编辑张义堂等，都是张氏早年“国医传习所”的师传弟子。他们继承了张简斋传授的独特中医理论，一直在努力弘扬和传承张简斋的中医学术思想。同时他们又都是省、市中医院创建时的业务骨干，还担负着下传众多弟子的重任。如今省、市中医院的多位名老中医，如周仲英、单兆伟、刘永年、徐卫义、王湘、谢英彪、黄永澄、金小晶、孙振华、张仲爱等，汪氏中医诊所汪季直，君和堂中医馆坐堂中医邹伟俊、侯俊、张工彧、林朴等均为他们的弟子或传人。

为了加强对张简斋国医医术的研究保护，王祖雄于 1947 年编著出版了《张简斋经验处方集》，马腾云于 1972 年主编出版了《张简斋处方存稿》，邹云翔于 1960 年手抄了《张简斋医案》，邹伟俊于 2012 年编著出版了《张简斋医案》，张氏嫡孙张继凯于 2006 年主编出版了《一代名医张简斋》等书籍。

（侯　俊）

独门医技张接骨

在南京浦口地区方圆几百公里内，几乎没有老百姓不知道有一家独门绝技接骨术——浦口张氏接骨。

浦口张氏接骨正是源自于第一代正骨传人山东枣庄张天散，至目前第七代和第八代传承人分别在浦口开设了三家骨伤科医院。

张氏中医接骨术是中医药发展至今的传承与延续。其精髓是家传正骨手法和祖制正骨秘方（包含血竭、麝香、龙骨、川贝、牛黄、三七、重楼、藏红花等20余种名贵中药材）特殊调配而成。其第六代传人张家芳先生在治疗各类骨伤疾病时，以不破坏骨折部位的血运为原则，倡导不开刀、不打石膏、不用金属物穿刺牵引，不伤元气、疗程短，使骨伤患者免受手术治疗痛苦。

在过去没有X光机的情况下，来了骨折病人，骨伤医师张家芳在骨折处一摸便可知道伤情，治疗方法也很快了然于心。这都是来源于祖辈的从医经验，加上他自己的实际经验练就的技艺。在几十年的行医过程中，张家芳把自己的经验均传授给了四个儿子，并总结了许多检查、治疗手法，形成了一整套治疗方法：手摸法、提拉法、推倒法、对接法、按压法等，提出治疗骨折采用“手法接骨个性化，手法复位和中药相结合，固定与功能锻炼相结合……”的诊疗理论和方法。在祖传秘方“接骨散”基础上，张氏家族结合自己几代人多年的临床经验继续改进配方，研制出“张氏接骨散”，用于舒筋活络、续筋接骨，对促进骨折愈合、消肿止痛有良好效果。

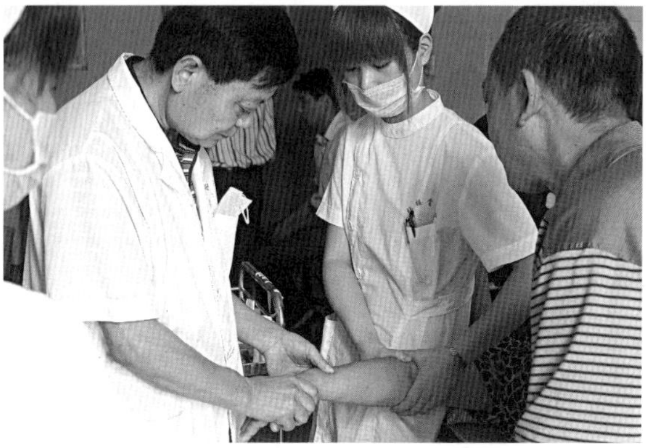

张文龙正在为患者正骨

目前，张家芳先生的长子张文龙、三子张文洋、四子张文象均得到了张氏接骨的嫡传，个个医技高明，德艺双馨，并于2004年分别开设了三家张氏接骨医院。

三家骨伤医院总占地50亩，医疗床位400张。现三家医疗机构均已纳入城镇职工基本医疗保险定点医疗机构，浦口区新型农村合作医疗定点医疗机构，在当地以及周边省市深受广大骨伤患者的欢迎。

俗话说，金杯、银杯不如老百姓的口碑。三家骨伤医院近年来收到的骨伤患者治愈后赠送的上万面锦旗就是对该接骨术的最好褒奖。

（袁　铭）

金陵杨氏中药炮制

杨文琪正在指导徒弟制药

金陵“老药工”杨文琪，1928年出生于江苏省江都县周家楼镇的一个中药世家。杨家祖上自清代中叶即在周家楼开设“恒德堂中药店”，从事中药材经营、加工、炮制，历数代不衰。杨文琪自幼跟随父亲杨子斌学徒，受到中药材加工、炮制技艺的熏陶。他15岁即赴泰州“翟泰和中药店”，拜师翟邦俊老中医。

1956年，杨文琪进入南京同仁堂工作，跟随金陵中药大师何庆余学习中药材加工炮制技艺；跟随京派（北派）名师宋普清、刘锡山学习“蜜丸”加工技艺；还跟随浙派（南派）名师吕炳炎学习“水丸”加工技艺。

这期间，杨文琪对中药丸、散、膏、丹的加工、炮制技艺悉心领会，细心揣摩，更加深理解了遵古法加工、炮制的奥妙。自20世纪50年代到80年代，南京同仁堂的名牌产品如“牛黄清心丸”、“安宫牛黄丸”、“大活络丸”等行销全国各地，还出口多个国家，为南京获得大量外汇与良好声誉。那些行销海内外的中医药名品，也浸透了杨文琪的汗水和技艺。1985年，他荣获国家中医药管理局颁发的首批“老药工”荣誉证书。

自60年代后，杨文琪在南京同仁堂独立工作期间，还带了很多年轻学员，即便在退休后仍然受聘于多家中医机构，继续传承中药材的加工和炮制技艺。杨文琪是南京地区目前极少数仍活跃在中药材加工、炮制生产一线的“老药工”、老专家。

杨文琪正在进行中药丸剂的加工

优秀传统中医药的延续和发展在于传承，在于师傅的传、帮、带。杨文琪常常想到自己当学徒时的经历，觉得有责任把自己的所能所长传授给弟子们。这些年，对于有志于中医药事业的年青人，他总是诲人不倦，一点一滴地讲授要领，传习精髓。经他传带的第三代弟子，有南京百草堂中药师严建国，南京君和堂药局主管、高级中药材鉴别师杨津，君和堂药局主任兼药师王翠华，君和堂药局药工黄银；第四代弟子，有李玲玲、潘梦雨、王靓等君和堂药局的药工。

金陵杨氏中药炮制技艺被分别列入江苏省、南京市非物质文化遗产名录。

（王　靓）

金陵洪氏中医眼科

闻名遐迩的“金陵洪氏中医眼科”是南京中医学界的一朵绚丽奇葩，自民国初年起即开设于城南秦淮河畔的琵琶巷34号，一百多年来造福了无数眼疾患者，得到广大患者的口碑相传。

金陵洪氏中医眼科由著名中医眼科专家洪立昇创始。他1878年出生于南京中医世家，由于当时求医的眼病患者甚多，而医眼科甚少，正值而立之年的洪立昇遂专攻中医眼科。民国时期，他执医于自家诊所，其屋内20余平方米的正堂（堂屋）为诊疗区，正堂前后各有大、小天井一个，入大门2米后便是照壁，摆有多张太师椅供患者待诊，领取竹制标签的挂号牌，按顺序就诊。洪立昇德医双馨，为人谦虚和善，数十年中洪氏眼科享誉金陵内外。1956年，他毅然放弃私人行医，带头成立夫子庙中医联合诊所，并任所长一职。1958年他调至南京市中医院眼科，担任眼科主任。

洪立昇治病必求其本，强调眼病与全身的整体观念：老人眼病治疗重在补益肝肾，妇人重在调理气血，小儿重在调理脾胃；临床用药重在巧取，“药不在多，量不在大”；“多做病人的思想工作，抚慰病人心灵，治心比治病更重要”等，给后人留下了宝贵财富。他认为，内眼病的治疗重在补益肝肾、调理气血；外眼病的治疗强调驱逐六淫之邪，二者并以“病”、“证”相结合，融入中医的阴阳平衡、西医的病理、生化等变化而施之以法，诸如活血化瘀、软坚散结、和云通络、利水化浊、清热解毒等突破常规的方

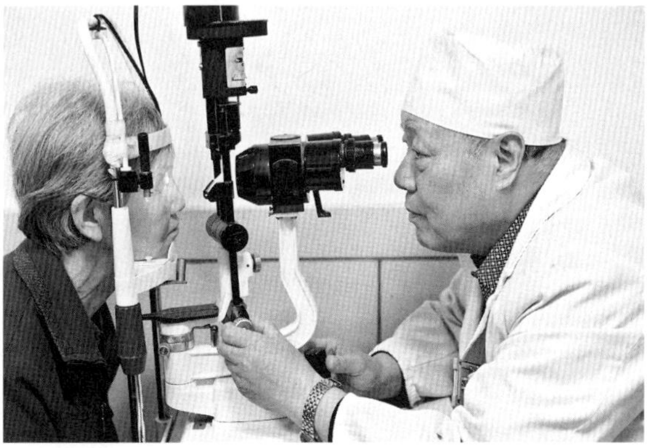

金陵洪氏眼科传承人洪宜成为患者检查（龚文新摄）

法，尤其对疑难病，如色素膜炎、急性视神经炎、视网膜炎、黄斑病变、角膜炎、眼底出血等内外眼病均有较好疗效，深得患者与同行好评。

洪氏眼科重视医术的传承和发展。现已步入古稀之年、南京市中医院眼科的原第二任主任洪宜成，他是洪氏眼科第四代传人，系洪立昇嫡孙。1939年出生的洪宜成，1956年跟随祖父洪立昇习医于夫子庙联合诊所。他传承了洪氏眼科的“传家宝”，始终坚守洪氏中医眼科特色，强调局部与整体治疗的有机结合，融入现代检查、诊断为我所用，中西结合以“中”为主。洪宜成主治病症：外眼疾病的各种睑缘炎、难治性结膜炎、病毒性角膜炎、干眼症；内眼疾病的白内障、青光眼，各种原因引起的眼底出血以及视神经炎、视网膜炎、脉络膜炎、黄斑病变等。青少年斜弱视、屈光不正、高度近视等病症。此外他还研制多种眼科中药，疗效很好。他出版的《中医疑难病方药手册·眼科篇》一书，为广大眼病患者普及了中医眼科的相关知识。

（李　珊）

金陵中医朱金山推拿术

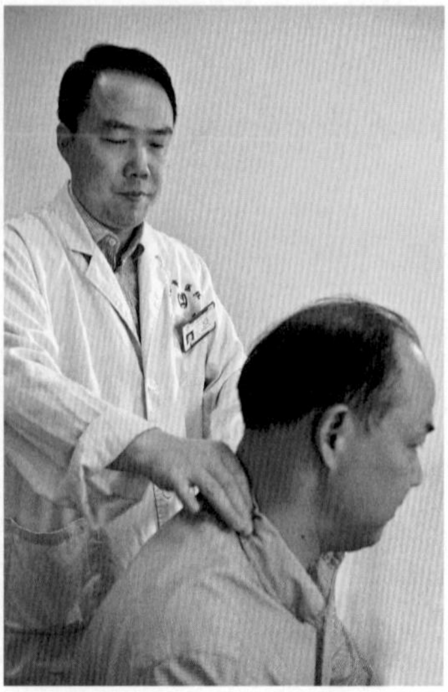

金陵中医推拿术传承人周伟为患者诊疗（龚文新摄）

江苏省推拿、正骨名中医朱金山，系安徽无为人，自幼随江宁湖熟的马德有先生学医，专修武术、推拿、正骨，满师后开业行医。1956年朱金山成为南京市中医院创建人之一，并组建南京市中医院推拿科。

60多年来，朱金山致力于中医正骨、推拿、武术、气功的古籍和临床研究，注重理论与实践的密切结合，在总结前人经验的基础上，形成了自己的独特风格。他的部分学术思想已整理汇编成《朱金山推拿集锦》出版发行。朱金山认为推拿手法有三个特点和三个联系，即全身各个不同部位采用不同的手法，而每个手法都有其形态、部位、作用三个特点；手法操作时，要有机地将点、线、面联系起来，采用走线、落点、带面的方法。点者，穴位也，点与症状相联系；线者，经络也，线与脏腑相联系；面者，范围也，面与整体相联系。他强调，运用推拿手法治疗疾病要达到“三通四应”，才能收获良效。“三通”即通脏腑、通经络、通气血；“四应”即应症状、应部位、应经络、应穴位。朱金山取众家之长，积多年经验，将推拿治疗的手法，确立为26个大法、60多个小法，治疗病种也从建科初期的9种扩大到循环、消化、呼吸、泌尿、神经和运动等人体系统。

1987年，朱金山退休了，可是他创立的“朱氏推拿疗法”，却惠及成千上万的患者，很多患者来自全国各省、市、自治区，还有不少是国外友人。朱金山先后担任全国推拿学会理事、中国肩周炎研究会副理事长，江苏省推拿首届专业委员会主任委员，还担任《推拿医学杂志》编委、《中医骨伤杂志》编委及编辑指导等职，享受国务院政府特殊津贴。

1978年朱金山的徒弟周华龙从中医专业毕业后，被定为他的继承人。在朱金山学术流派基础上，周华龙独自研创“平衡推拿疗法”，在全国推拿学术流派中独树一帜。2001年，周华龙之子周伟在中医大学毕业后，又成为周华龙的继承人。

金陵中医推拿术先后被列入南京市非物质文化遗产名录、江苏省非物质文化遗产名录。

（李　珊）

传统体育、游艺与杂技

南京地处南北交会之地，南京人的性格既具南方的内敛，又具有北方的豪放，因此南京人既讲“气韵”的休闲之道，又讲“气力”的尚武之道。被列入省市级非物质文化遗产名录的有石锁赛力和龙舟竞渡。

相传石锁起源于中国唐代军营。士兵常用石锁、石担子等锻炼身体，后流传于中国民间，演变为一项集力量、技巧、健身于一体的传统竞技项目。南京的殷巷石锁赛力在民国时期十分盛行，流传至今，积累了近百种耍石锁的套路，具有民俗文化研究价值。

龙舟竞渡有着 2000 多年的历史，是中国民间传统水上游艺项目。古时候的高淳水道四通八达，六月六赛龙舟，是高淳最早产生的民俗传统之一，是为纪念郑和下西洋而举办的一项大型活动。了解龙舟竞渡对研郑和下西洋这个历史事件具有一定的参考价值。龙舟竞渡让人们在力量的勃发中挑战极限，追溯着古人出海时的壮怀激烈，体现了众人团结一致的凝聚力。

（文　飚）

殷巷石锁赛力

石锁是我国民间一种传统的习武健身的器械。相传楚霸王项羽和唐王李世民就经常以练习石锁、石担子来强身健体，宋朝岳飞也用石锁、石担子来训练士兵。现今，江宁区殷巷石锁赛力在江苏独树一帜。

殷巷石锁赛力相传始于唐代，盛于清末民初。民国时期在殷巷地区民间石锁活动非常盛行，无论是农闲还是农忙季节，当地村民们在茶余饭后都有玩石锁的习惯，有的是单人练习，有的是全家逗乐，有的则是在村头比武过招。南京已故石锁高人徐昌富就是其中之一，他在江宁周边广泛收徒，并经常开展交流活动，培养了众多石锁爱好者。石锁艺人汤定邦继承祖辈的传授，习心练艺，曾在南京市举办的民间石锁大赛中获得第一名。殷巷石锁赛力创始人王道泉2010年被命名为江苏省非物质文化遗产石锁代表性传承人。

石锁由锁面、锁底、锁门、锁簧等构成。石锁的位数称为把，有一把锁、两把锁、几把锁之说。石锁有大小之分：80斤以上的称为大锁、40斤至80斤的称为小锁、10斤至40斤的称为花锁。行话说，大锁练力、小锁练技、花锁练艺。殷巷石锁赛力的风格以力量型为主，小锁为辅，不玩花锁，既保留了大石锁练力量的玩法，又有小石锁的花色动作，兼而有之，十分震撼。长期以来，积累了大约有近百种套路，现在常玩的套路有推轮、架肘、捞豆腐、打单边、霸王举鼎、观音托掌、二郎担山、猴儿戴帽、喜鹊登梅、仙人背纤、怀中抱月、雪花盖顶、石锁过河、背后穿花、张飞跨马、盲人练锁、

传承人正在进行石锁表演

石 锁

关公看书、一唱一和、双龙抱柱、瑜伽石锁、大开四门等20余种。

殷巷石锁赛力具有民俗文化、审美愉悦、强身健体等研究价值，在政府的关心下，江宁在全国率先成立了江宁区石锁协会。该协会积极开展工作，并拓展与南京、上海、安徽、苏州、无锡、泰州、淮安等多个省、市、地区的石锁协会、石锁爱好者的沟通交流，增进了友谊，提高了技艺，也宣传了石锁文化，博得海外华侨及外国友人的认同和青睐。2009年6月殷巷石锁赛力被列入第二批省级非物质文化遗产项目名录。

（张为农）

六月六龙舟竞渡

龙舟竞渡场面

龙舟竞渡是我国民间传统水上游艺项目，已流传2000多年。关于赛龙舟的起源，有多种说法，除纪念屈原之外，还有祭曹娥、祭伍子胥、祭水神等祭祀活动，一般都在端午节举行。

高淳区砖墙镇系高淳水乡，东濒固城湖，西接水阳江，境内河沟纵横。赛龙舟的习俗，自明代开始，流传至今。但高淳的赛龙舟与众不同，举办时间在农历六月初六，是以纪念郑和为目的的。据当地老年人介绍：郑和为了下西洋，曾调集了不少砖墙镇一带的造船木工和划船水手，船造好之后，又组织水手在固城湖上操练。因此，六月六划龙舟是为纪念郑和下西洋而举办的一项大型活动。其赛点分别在官溪河、横溪河、茅城湾等河道。早在1953年6月，茅城河有103艘龙舟汇集，观众达数万人。

砖墙龙舟与一般的农用船在构造上有所区别，船的大、小、宽、长有统一的模式。船形狭长，可乘坐26~28人。当地村民在六月初四就把龙舟装饰就绪，在船上扎好龙头、龙尾，船中舱竖立魁星斗旗杆，上面吊挂红绿布及花饰做好赛前准备。赛前一天清晨，龙船先划向东方“朝水”讨好兆头（俗称东方是青龙头），接着就试舟，给邻近村庄及单位送“龙舟”观赏请帖。接受观赏请帖的一方，就在河边高挑挂彩的红绿布和奖品，燃放鞭炮，迎接“龙舟”。

到竞赛之日，参赛龙舟纷纷齐集指定河段，自选对手竞渡。比赛有双赛、数条船同赛。其竞赛规则是：龙舟队参赛人数必须相等，按规定

赛龙舟场面

时间同时划桨，以最先到达终点为优胜者。

比赛开始时要进行“预热”，轻舟荡漾，蓄势待发。司鼓手即兴编词领唱“龙船号子”，划船的接腔应和，并有唢呐伴奏。正式比赛时，双方同时调拨船头，在一片呼号声和锣鼓声中，奋力向前，并舟竞发。谁先到达终点或船首超越了对方，占先者即是胜方，就接彩受红（礼包）。河道两岸成千上万的观众，跟随赛舟来回奔走，像是潮水在岸上涌动。

六月六赛龙舟已成为当地群众自娱自乐的一项水上活动，深受大家喜爱，但目前由于砖墙镇河床变窄，龙舟竞渡开展比较困难，便改在官溪河上举办。

（汪士延）

民俗

民俗是历史的活化石，它描绘演进的轨迹，传递嬗变的脉息。在南京非物质文化遗产中，民俗是南京人民生活最本真、最鲜活的体现。浓郁的年节时令风俗，多元的庙会祭祀民俗，神奇的精工技艺和生产工序，精致的传统饮食和生活习惯，源远流长的尚艺审美标准，都是随着南京人民的生产劳动、精神生活和文化创造而生成、发展的。

南京夫子庙的元宵灯节，有着“秦淮灯火（彩）甲天下”的美称，每逢秦淮灯会之时“万星烂天衢，广街翻人潮”。妈祖庙会与郑和下西洋的历史事件紧密相连，祭祀妈祖是为了保佑出海之人的平安。溧水蒲塘桥庙会也起源于明朝，当地百姓为求一方平安、风调雨顺、五谷丰登。始于清朝康熙年间的高淳薛城花台会迄今已有350多年历史，筑花台起金銮，邀班唱戏，演的是忠孝节义，颂的是美德一世、天地人和。南京的赏梅习俗历代相沿，寄情于景，品位雅致。还有牛首山踏青、重阳节登高、“不爱荤菜爱野菜”、“抖嗡”娱乐活动等都体现了南京人民淳朴、健康、充满情趣的生活方式。

（文　飚）

秦淮灯会

秦淮灯会是历史上流传于南京地区的扎灯、观灯、买灯、玩灯的民俗文化活动，又称“金陵灯会”，主要集中于传统节日春节、元宵节期间。

秦淮灯会源远流长。根据历史文献记载，早在南朝时期，都城南京就出现举办传统元宵灯会，其盛况堪称全国之冠。自明初洪武帝朱元璋在南京倡导元宵灯节活动以后，南京就享有“秦淮灯火（彩）甲天下”之美誉。

历史上的秦淮灯会，主要分布在南京秦淮河流域。如建都于南京的历代王朝宫殿，以及夫子庙、笪桥、评事街、上新河等一些文化商贸繁华地带。20世纪以后，它主要集中在夫子庙地区。目前已经扩展到东五华里秦淮河两岸，中华门明城墙内外。近十年来又组织灯彩艺人赴中国台湾、东南亚等地举办灯会，还多次举办海峡两岸灯会交流活动。

作为南京民间文化和民俗活动的主要窗口，在举办秦淮灯会之时，南京地区广大民众为了祈求风调雨顺、家庭美满，通过扎灯、张灯、赏灯、玩灯、闹灯等诸种形式，营造出“万星烂天衢，广庭翻人潮”的美好意境，对其他地区的民间文化和民俗活动，产生了积极影响。

秦淮灯会主要价值：

其一，历史价值。南京是六朝古都、十朝都会，秦淮灯会作为一项重要的民俗活动，一直是历代南京民众辞旧迎新、祈求吉祥、喜庆热闹的社会文化空间。

其二，人文价值。秦淮文化是古老的金陵文明的代表，秦淮灯会则是传承秦淮优秀传统文化的重要载体。

其三，艺术价值。从秦淮灯彩的形制和所表达内容来看，从秦淮灯会的文化环境来看，充分体现了灯彩、灯会的艺术精华。

其四，社会价值。秦淮灯会的历史悠久，经久不衰。自20世纪80年代以后，已举办30届灯会，它已成为南京特色文化的名片。

其五，经济价值。每年的秦淮灯会吸引了众多海内外游人纷至沓来，促进带动了该地区旅游经济的发展。

秦淮灯会主要特征：

其一，参与性。早在南朝时期，南京举办传统元宵灯会，就曾出现过“灯火满市井”的壮观场景，其盛况堪称全国之冠。如今的秦淮灯会元宵灯会期间，每天观灯的市民和游客高达四五十万人。

其二，民俗性。作为南京民众难以割舍的秦淮灯会，世代相传，相沿成习，乡土风俗极其浓郁。

其三，艺术性。秦淮灯会不仅自身具有民间艺术特色，还兼容剪纸、空竹、绳结、雕刻、皮影，以及龙舞、狮舞、秧歌舞、踩高跷各类民间艺术。

其四，娱乐性。秦淮灯会是每年四季中唯一的市民“狂欢节”，广大民众在灯会中，通过观灯、赏灯、闹灯等活动，表达自己对新年的美好愿望。

（周安庆）

妈祖庙会

妈祖庙会是汉族传统民俗盛会。有关妈祖信仰的特定节日和重大祭祀活动，是妈祖文化的重要组成部分，每年在妈祖诞辰日、妈祖升天日、元宵节等节日举行。

妈祖崇拜源于古人对湖神、水神、海神的崇拜。妈祖是福建方言称呼，即北方称“奶奶”。天妃、天后则是朝廷的赐封。北宋建隆元年（960年）林默生于福建莆田县湄洲岛，因出生弥月不闻其啼声，故名默娘。雍熙四年（987年）林默因救助海难逝世。人们感念她生前行善济世，在她死后不久，自发在湄洲岛上立祠祭祀，始称“妈祖”，尊为护航女神。妈祖是中国民间影响最大的第一女海神，成为我国广大地区特别是东南沿海民众及海外华人重要的保护神和精神纽带。妈祖信仰逾时千年，地及四海，具有亿万信众。

南京的妈祖崇拜盛行于明代。传说明永乐初年，郑和大型船队在海上运粮，遇上台风后海神娘娘显灵，转危为安。明成祖将海神娘娘林默封为天妃，建天妃庙祭祀。庙共有三处，一处在上新河北岸；一处在安德门外大胜关；还有一处就是在狮子山下。当时南京狮子山下的吉祥寺，枕江临海，龙江经其下，为入海必经之地，朱棣特令吉祥寺改名为天妃宫（今建宁路290号），并亲自撰写为天妃歌功颂德的天妃宫碑碑文，供奉妈祖神像，并于每年农历正月十五、三月二十三两次祭祀。由于过去人们不识驮天妃宫碑的神兽——赑屃，只见它形似乌龟，因此将“三月二十三妈祖庙会”

妈祖庙会歌舞专场

称为“乌龟会”，流传至今。这就是“三月二十三，乌龟爬下关”的民谚的缘起。

民国以后，妈祖崇拜之风日渐淡化。1937 年，南京天妃宫毁于侵华日军炮火，仅留天妃宫碑和驮碑的赑屃，热闹的“下关乌龟会”亦遭冷落。为纪念郑和下西洋 600 周年，南京市政府于 2005 年复建天妃宫，2006 年成功恢复妈祖庙会。在赶庙会时，游客可以看到“郑和”带领文武百官祭拜妈祖及巡游踩街的盛况。来自宝岛台湾的连战先生在访问南京时还特意偕同夫人到下关天妃宫隆重祭拜，并题赠“慈航普济”四字条幅。

妈祖庙会作为历代南京民众的一种精神寄托和信仰，被人们传颂、敬仰、膜拜，并延续至今。

（万宝宁）

蒲塘桥庙会

祠山大帝庙会

溧水蒲塘桥庙会起源于明初，当时朱元璋刚当上皇帝，下令在江南建360座祠山大帝庙，各庙轮流祭祀，蒲塘桥祠山大帝庙为其中之一。至明末清初，庙会活动已在当地具有很大影响。相传，每年农历三月二十六日为祠山大帝寿诞，按惯例，当地百姓要举行传统的庙会活动，以求一方平安，风调雨顺，五谷丰登。传统的庙会活动一般为三天，从农历二十五日开始，二十六日为正日。活动按严格的程序进行。参加活动者分为五队：第一队开道，扮作小丑，挥舞扇子，耍火流星；第二队由若干盛妆少女“挑花篮”表演；第三队由 24 个小伙子抛叉，有“传叉”、“拜四门”、“高空抛接”等传统套路表演，惊险刺激；第四队为高跷表演，表演者以传统人物造型亮相，如三国时的刘备、关云长、张飞，《西游记》中的唐僧师徒四人，《八仙过海》中的八仙等，是整个活动的高潮；第五队由村民抬着祠山大帝出行，后面则跟着若干组色彩不同、大小不一的花伞队伍，场面热烈欢快。

蒲塘桥庙会是一种群众性的民间文化活动，除了踩高跷、抛叉需要一定的表演技巧以外，更多的则是挑夫、马夫、烧香者，这些都无须表演，只要随队伍出行即可，因此具有广泛的群众性和参与性。庙会的组织完全是民间自发行为，从决策、执行到资金的筹措、使用、人员的组织发动等等都有一套行之有效的程序。蒲塘桥庙会活动的直接参与者每次达 600 人之多，加上保卫人员将近上千人。另外，在出会过程中，行经之地的各家各户都要摆设香案，恭迎菩萨，晚上还要看大戏。周边村镇的人

蒲塘老街百姓自发举办庙会

们也会选择此时走亲访友，烧香拜神，观看大戏。届时蒲塘老街会达到上万人，十分热闹。

庙会期间正是农闲备耕时节，人们除了拜神祈福、祈求风调雨顺以外，也有购买种子、农具，进行农业生产、生活资料交易的现实目的。

蒲塘桥庙会在1949年以前一直未曾中断过，而且在组织程序、活动方式、表现形式上都未曾有大的变动。恢复以后的蒲塘桥庙会基本上延续了古老的传统，可以说是传统文化的活化石，对于我们了解古代社会具有一定的认识价值。蒲塘桥庙会中有关拜神祈福等一系列仪式，体现了古人对自然、社会和人类对自身的认知程度。蒲塘等地主要以原住民为主，蒲塘桥庙会体现了本土文化的特色，对于了解当地的文化习俗具有重要意义。

（陈　念）

薛城花台会

“民俗流徽，薛城兴办花台会；春光明媚，亲友相逢鹧鸪天。”高淳区薛城花台会始兴于清康熙年间。据薛城邢氏家族介绍，清康熙年间，山东聊城邢姓出了个朝廷官员，其母想要到北京看金銮殿，但因年逾七旬，进京行动不便。康熙皇帝得知这一情况后，便命工匠仿照金銮殿凿了一个模型，赐给这位官员，以了却老人家想看金銮殿的愿望。当时高淳县薛城邢姓家族就派人前往聊城庆贺，并按照金銮殿的模型绘制成图，归来后聘请能工巧匠照图在村头搭建了一个花台，于农历三月十八日邀班唱戏，此习俗一直延续至今，名曰花台会，迄今已有350多年历史。

薛城花台会极为隆重，先要准备木料搭建临时戏台，戏台占地约210平方米，台面宽13米，进深16米，台沿口围有半米多高的栏杆，悬挂各种戏剧人物彩图，中间塑有福、禄、寿三星泥像；台中所立四柱为浮雕金花盘绕；台顶是一幅幅彩画排吊；台口上方用纸扎镂空彩屏拼联，绘有“双龙戏珠”、“十二月花神”等图案，称“五彩架”。尤其有趣的是“五彩架”中间悬挂一块横匾，从不同角度去看，可反映出不同字样：从正面看为黄金色“玉堂春”，从右侧看是紫金色“玉楼春”，从左侧看则为银灰色“玉树春”。五架彩屏的上方是“五凤楼”，花团锦簇，金碧辉煌。在戏楼中间，用彩屏分隔前后台，有四个出进场的彩门，上书“出将”、“入相”字样。花台的台柱，为金龙装饰的四门八柱，柱子上均贴写对联，被誉为“江南第一台”。

花台会演出盛况

薛城花台会，因耗资较大，一般每隔3~5

年才举办一次。待筹备工作落实后，于农历二月初二张榜告示，以扩大影响。农历三月十八日正式开始，会期 3 天以上，聘请省内外著名剧团唱戏，一时观众云集，不仅本地群众前往观看，就连苏南及皖南一带都有人闻讯而来。当地村民家家接待亲友，处处充满喜庆气氛。同时花台会期间，政府还要举办大型农副产品交流会，成为高淳地区最具影响力的民俗活动。不断加强薛城花台会的文化生态保护，对于维护民俗风情，丰富群众文化生活起到了积极作用。2009 年，薛城花台会被列入江苏省非物质文化遗产名录。

（汪士延）

抖空竹

汉中门广场上的抖空竹表演

空竹古称“空筝”，是我国古代的一种民间音响玩具。南京人又称抖空竹为“抖嗡”。

明清时期抖空竹这一活动深受秦淮民众的喜爱，并且形成了自己的竞技表演特色，一直流传至今。它既是一项百姓健身娱乐活动，又是新春时期民间社火中的重要组成元素之一。明代《帝京景物略》等典籍文献中，记述了当时人们的一些空竹玩法和制嗡方法。清代中叶以后，南京夫子庙地区成为我国三大民间百艺（戏）展演聚集地之一。每到春节期间，制嗡艺人就在这一带设摊销售，著名的有“声远堂”、“修竹斋”等制嗡与玩嗡世家。艺人一边当众表演抖空竹，一边向观者兜售。二十世纪二十年代至四十年代春节期间，卖空竹摊位在夫子庙广场前呈“月牙形”排开。当时的规矩是，顾客到了哪家摊位跟前，这家摊主才能现场表演抖嗡技艺以招徕生意，如此场面，增添了节日欢乐气氛。

1949年后，抖空竹活动继续在秦淮地区流传，特别深受青少年的青睐。改革开放以来，由于政府文化、体育部门重视和提倡，抖空竹活动在老百姓中重新兴起，发展迅速。特别是每到春节期间，抖空竹成了秦淮灯会中的一大民俗景观，越来越多的男女老少参与这项活动。

与抖空竹有关的器物如下：

其一，空竹。传统空竹均为竹木制成（现在也出现了塑料制品），在形式上可分为单轮和双轮。圆轮内是空心的，其上有若干个孔，孔内竹片为笛，利用相对运动原理旋转进风发声。空竹每孔称为一响，通常有六响、八响、十二响、十六响、二十四响等，其中有高、低音哨孔。

其二，细竹（木）杆与线绳。通常用两根长约2尺的杆子，两杆末段用一根线绳系接起来。目前在形状上还有长杆（最长可达到6米）、短杆（最短仅10厘米）、可收缩的活动杆（有的杆中还装有滑轮）。线绳最长者可达10米。

老南京民众抖空竹的传统竞技表演项目主要有“猴子爬竹竿”、“龇杆”、“放地嗡”、“海底捞月”、“下面条”、“炒韭菜”、“鲤鱼跳龙门”以及“扔高”、“换手”等。现代以来，还发展有“拉二胡”、“张飞卖肉”、“抖小头子”、“蚂蚁上树”等新奇项目。

近代以来秦淮抖空竹传承人主要有两户孙姓人家：

孙家栋（已故）——孙兴荣——孙永庚（已故）——孙光辉；

孙继业（已故）——孙克洲（已故）——孙桂喜、孙顺喜、孙双喜、孙平。

改革开放以来，南京市体育总会下辖的“南京市空竹协会”，涌现出一批抖空竹技艺高手，并多次在全国性的空竹邀请赛中获奖。

（周安庆）

雨花石鉴赏

雨花石藏品

雨花石是大自然对南京人民的特别恩惠，是大地之精灵，人间之尤物。虽为拳拳小石，但却无象不包、无景不呈、无色不显、无物不存。雨花石玲珑剔透，玉质天章，绚丽多彩，纹理奇幻，是一种呈像度极高、观赏性极强的画面宝石，可谓“宇宙神奇尽在石中”。

雨花石产于南京及周边地区的雨花台组砾石层。其形成距今约 1200 万至 300 万年的地质年代。地质学概念的雨花台组砾石层包括南京的雨花台地区、江宁区、浦口区、六合区以及扬州的仪征。

雨花石古称纹石、绮石、江石子、灵岩石和螺子石等。雨花石名源自一个美丽的佛教传说：“梁武帝时有云光法师在聚宝山设台讲经说法，精诚所至，感动上天，天花纷纷坠落，化为美丽的五彩石。”后人将云光讲经处称为“雨花台”。至明末，人们将产于雨花台的五彩石称为雨花石，完成了石名的约定，从此雨花石美名盛播四方。

雨花石以其精美绝伦的审美价值，意蕴深厚的文化价值和稀缺珍贵的经济价值而被誉为“天赐国宝”“石中皇后”“中华一绝”，现已成为南京的城市名片，是人们心中的“最南京文化符号”。在南京这座城市里，诸多的崇文尚雅者淘之、藏之、赏之、咏之。这一民间习俗的起源最早可追溯至距今约 5500 年前的南京先民——北阴阳营人时期。据史料记载，宋代大文豪苏轼的《怪石供》《后怪石供》、杜绾的《云林石谱》、元代郝经的《江石子记》、明代文人林有麟的《素园石谱》、民国时期王猩酋的《雨花石子记》、张轮远的《万石斋灵岩大理石谱》等诸多石著均对雨花石有大篇的注录和描述，以致留下了“非声非色非香味，别有幽芬来袭人”的知名赏咏佳句。近年来，有学者研究认为：曹雪芹所著的《红楼梦》中贾宝玉佩带的那块“通灵宝玉”的原型就是雨花石。

在南京绵延千年的雨花石鉴赏习俗，其内涵十分丰富多彩，表现形式更是生动灵活。其中包括采石、淘石、藏石、赏石、探研和交易等诸多方面；表现方式有产地拣石、市场淘石、收藏保养、集聚赏评、征名活动、举办沙龙和展览、制定鉴评标准、理论研讨、出版图册、著书立说等。金陵玩石人最注重的是藏与赏，因为人们在收藏、鉴赏过程中会感受到盎然的情趣，体味无穷的乐趣；同时能陶冶情操，启迪心智；更能舒心畅怀，正行励志。雨花石鉴赏习俗已列入江苏省非物质文化遗产名录。

（骆嘉刚）

方巷人走北

据方氏族谱记载，方氏后裔以河南为发祥地。方氏后裔方瑛，是明朝的名将，镇守西南贵州等地，战功卓著。方瑛因故携妻徐氏（徐达后裔）和三个儿子方池龙、方池虎、方池雷避逃至六合槽坊（古时为牧马场）。当安顿好全家以后，他又只身外出，从此未归。临行前他告诉家人："大年不见小年见。"方瑛走后，转眼即到小年，仍不见其踪影，直至正月十五傍晚徐氏再也按捺不住盼夫之情，便率其三个儿子，手执灯笼向北寻觅（走时的方向），但终不见其身影只能失望而归。

从此以后，方氏家族代代相传，成了一种家族的习俗，即每年农历正月十五元宵节这一天，方氏族人及有姻缘关系的亲朋好友齐聚村里，白天各家高朋满座酒肉款待，傍晚时分男女老幼聚集一道，在其族老的带领下举着彩旗，提着灯笼，手持烟花爆竹边走边放，在鼓乐声的伴随下向北方游走，被称之为"走北"。这一走就是五六百年。

方巷人走北的美好情缘来自于徐氏伟大的母爱。徐氏端庄貌美，是远近闻名的大美人，周边无人不晓。徐氏没有了丈夫的依靠后不是消沉颓废，或改嫁另谋生路，而是坚强地带领三个儿子耕种劳作，自食其力，分别让三个儿子成家立业，一代一代的生生不息繁衍后代，使方氏家族不断兴旺发达。尽管此地远离长江，缺乏水源，但他们开挖沟渠，引水灌溉，捐资修建供奉白龙庙，耍制白龙灯以示克旱，在祈求上天保佑的同时又自强奋斗。

在走北习俗当天举办的民俗活动

方巷人走北已有五六百年的习俗，从寻亲、祈求风调雨顺、五谷丰登到今天“亲情、友情、乡情”等不断在注入新的内涵，家族凝聚力与亲和力既增进了宗族友谊、亲人和睦，又丰富了宗族人们的文化生活。因方氏家族信条为“无为者、不为社会作奉献者、好逸恶劳者不为方氏人”，促进了社会和谐与经济发展，使文明礼貌新风自觉形成。

方巷人走北习俗被先后列入南京市非物质文化遗产名录、江苏省非物质文化遗产名录。

（王 利）

南京赏梅习俗

中国是梅花的故乡，梅花至少在西汉时就被引种栽培和应用，迄今已有2000多年的历史。中国历史上民间赏梅、咏梅习俗盛行，存有大量咏梅的诗文。南京植梅盛于南朝，赏梅之风历代相沿。据史书记载，城北钟山脚下梅花坞、城南梅岭岗均为植梅、赏梅之佳地。

位于钟山脚下的梅花山是南京地区一处重要的观梅、赏梅的“文化空间”。梅花山面积约102公顷，依山栽植梅花3万余株，品种有220多个，有“天下第一梅山”之称。梅花山上建有“观梅轩”，登轩观梅，漫山遍野的梅花尽收眼底，令人心旷神怡。

南京民间植梅与赏梅历史悠久，历六朝至今不衰。唐代诗人李白《新林浦阻风寄友人》诗云：“昨日北湖梅，开花已满枝；今朝白门柳，夹道已青丝。”北湖即南京玄武湖，该处植梅，地近钟山。北宋王安石时居今南京钟山南麓半山园，题有《梅花》诗一首：“墙角数枝梅，凌寒独自开；遥知不是雪，为有暗香来。”明末徐渭画《钟山梅花图》，绘出“龙蟠胜地，春风十里梅花”之景观。明代时，紫金山下的梅花坞是知名的赏梅胜地，明代顾炎武《肇域志》记：“梅花坞，在（灵谷）寺

梅花山俯视图

梅花节期间游人如织

前东南，春来香雪万株。”20世纪30年代初中山陵建于钟山之后，时人辟“孙陵冈”为孙中山陵园的植物园蔷薇花木区，山之上下开始植梅，到抗战前夕，已是一片梅花盛景，每逢春日，赏梅者不绝。1949年后，中山陵园管理局在梅花山大量植梅。1992年植梅区向梅花山东扩展，形成万株梅园。1982年，南京确定梅花为市花。1995年，南京设立梅花节，每年二、三月份举行。南京植梅、赏梅之风一直延续，遂成习俗。

梅花山是每年南京市梅花节期间大众文化活动集中并有规律举行的场所。赏梅习俗深深扎根于南京的文化传统及文化历史中，能够作为一种媒介对民间文化特性和有关社区文化起到积极作用，促使不同人群和社会集团更加融合，促进传统赏梅文化的继承与传播。

（小　路）

牛首山踏青

春季到牛首山踏青

牛首山踏青习俗始于东晋，盛行于唐代，流传至今。牛首山踏青是南京地区古老的民间习俗，每年春季慕名而来的游人如织，遂成为享有盛名的旅游胜地，被誉为“春牛首”，与“秋栖霞”齐名。

牛首山踏青习俗的主要内容是踏青健身。牛首山又名天阙山，是金陵四大名胜之一。城郊牛首之春，山花浪漫，满眼春色，是人们闲暇踏青健身的好去处，历史上春天到牛首山踏青赏景的除普通百姓外，还有达官显贵、文人墨客及外地游人。古金陵四十八景中的三景“牛首烟岚”、“献花清兴”、“祖堂振锡”都在牛首山，山上还有拱北峰、伏虎洞、神蛇洞、摩崖石刻、感应泉、舍身台、沐英湖、弘觉寺、唐塔、岳飞抗金故垒、南唐二陵、郑和墓等名胜古迹，其周边的狮子山、吉山、岱山也都是观光旅游胜地，拜佛祈福之所。牛首山自古为佛教圣地，是牛头禅宗的发祥地，其创立者法融禅师，被誉为“华夏之达摩”。因此每到春天，牛首山香客云集，踏青、拜佛祈福两不误。

牛首山踏青习俗是集郊游、拜佛、览胜、休闲为一体的民间慕春、赏春文化休闲活动。到牛首踏青的民众登山赏景，尽享满山春色，饱览名胜古迹，既能陶冶情操，又能弘扬民间文化、佛教文化，还能够激发人民群众热爱家乡、建设家乡的热情，对构建和谐社会起到积极作用。2007年牛首山踏青习俗被列入南京市非物质文化遗产名录。

近年来，为了打造“春牛首”这一民俗文化品牌，经南京市人民政

牛首山春景

府批准，牛首山文化旅游区，利用牛首山原景区的山、林、湖、佛、陵、塔等优势，以“补天阙、藏地宫、修圣道、现双塔、兴佛寺、弘五叶”为核心建筑理念，全面保护牛首山历史文化遗存，修复牛首山自然生态景观，利用原有矿坑建地宫，长期安奉佛顶骨舍利，整个文化旅游区涵盖“佛顶圣境”、“宝相献花”、“隐龙禅谷”、“谧境禅林”、“天阙小镇”五大功能区，已成为融佛禅文化、金陵文化、生态景观为一体的生态胜景、文化圣境、休闲胜地。

牛首山文化旅游区，将世界佛教界至高圣物——释迦牟尼佛顶骨舍利长期安奉牛首山地宫，为牛首山踏青习俗赋予了新的文化元素。

（张为农）

节令时蔬水八鲜

“三天不吃青，两眼冒火星。”“南京一大怪，不爱荤菜爱野菜。”这些南京民谚生动而真实地反映了南京人喜爱时蔬野菜的饮食习惯。南京人吃素的历史要追溯到六朝时期，孙吴时期佛教开始在南京兴起，到南朝梁武帝时，逐渐形成了寺院、宫廷和民间普遍食素的风气。食素、食野菜的习俗全国各地都有，但人数之多、历史之久，以及所食野菜品种之繁，却以金陵为最，南京享有“素菜之乡”、“八鲜之乡”的盛誉。

南京产的“八鲜”，所指物品说法不一，仅以蔬菜而言，就有“水八鲜”、“旱八鲜”之分，而水八鲜又有荤素之别。南京地区河湖纵横，池塘密布，是水生动植物生长的良好场所。其中，水芹、茭儿菜、莲藕、红菱、芡实（鸡头果）、茭白、慈姑、荸荠 8 种水生植物，人称水八鲜。水八鲜采购方便，价廉物美，营养丰富，清淡鲜爽，老少咸宜，历来是南京居民日常餐桌上家常菜，深受喜爱。玄武湖、莫愁湖、沙洲圩等地出产十分丰富，水八鲜蜂拥上市时，有“担子压断街”之说。旱八鲜是指春暖花开时生长在田野间的野菜，分别为芦蒿、香椿头、马兰头、豌豆叶、荠菜、枸杞头、苜蓿头和菊花脑。

水八鲜的主要生长地在南京城郊西南部沙洲圩一带，生产最旺盛时期是在 20 世纪 30 年代后半期到 50 年代末。从水西门外至中华门外，曾出现过大小 13 班“八鲜”行，当时最有名气的“马记八鲜行”，直到 50 年代还曾繁荣一时。

鸡头果

南京人喜爱水八鲜，不仅因其味道鲜美、营

茭儿菜

养丰富且具有食用价值，还对其充满了浓厚的感情色彩，赋予其很多故事和传说。每逢传统佳节，水八鲜是百姓家中不可或缺的佳肴，食用水八鲜，也成为南京人代代相传的食蔬习俗，并赋予了它浓郁的文化内涵。

20世纪90年代以来，随着沙洲圩地域建设开发和外来人口大量涌入，河塘面积急剧减少，剩余河塘污染渐重，水八鲜产量降低，品质也开始下降，个别品种甚至已不见踪迹，深受南京人喜爱的节令传统菜水八鲜已然渐渐身影难觅。

（小　路）

南京老地名

南京自古即为我国南方的大都市，素有六朝古都、十朝都会之称，域含秦淮河、金川河、滁河流域等 11 个行政区。

地名就像是指路牌，是识别一个地域或城市的第一指位信息，老地名则是一个地域或城市依然活着的历史标识。它们是人类社会发展的产物，是人类依其主观认识、共同约定的代号或标记。

南京老地名是指从先秦至民国所产生的地名，它是南京城市史、古都史的“活化石”，是南京各历史时期有关信息的真实记载。如凤凰台、龙蟠里、鸡鸣寺、栖霞寺、成贤街、贡院街、御道街、户部街、常府街、蓝旗街、马道街、钞库街、绒庄街、尚书里、夫子庙、安将军巷、军师巷、估衣廊、饮马巷、乌衣巷、进香河、小营、马群、后宰门、武定门、半山园、佛心桥、朝天宫、百猫坊、明故宫、明孝陵、中山陵、总统府等。它们更以最为简略的文字记录——老地名，讲述着一则则历史文化典故，呈现出自然与人文的有机统一，铭刻着凝重的历史沧桑和都城印记，承载着文脉相承的龙凤文化、尊崇浓厚的宗教文化、唯才是举的科举文化、朱门豪宅的士族文化、贵胄浓郁的古商文化、异彩纷呈的平民文化、鲜明的明清和民国文化等。

保护好南京老地名对展现南京历史风貌，弘扬和传承南京特有的吴楚、六朝、明清和民国文化，进行爱国主义教育，增强南京人的凝聚力、光荣感与历史责任感，促进精神文明建设有着很强的现实意义和深远的历史意义。鉴于地名的产生与消失具有突然性和不可预见性，为避免富有历史文化价值的老地名因遭滥改而消失，造成不应有的社会影响。2007 年，南京市人民政府将南京老地名正式列入首批南京市非物质文化遗产名录。

（小　路）

幕府登高

幕府山看江景

中国的农历九月初九是重阳节，《易经》中以“九”为“阳数”，月日皆阳，两阳相重，谓之“重阳”。重阳节的主要习俗为登高、赏菊、插茱萸、吃重阳糕等。早在战国时已有“重阳”一词，彼时重阳虽未形成节日，但登高望远、赏菊饮酒之风已开其端，到两汉时期，重阳节形成为固定的节日。秋高气爽，文人雅士登高远眺，文思如泉，留下了许多脍炙人口的诗文。至唐代，各行业各业的人们纷纷登高赏菊，欢宴赋诗几乎成为定式，后来逐渐演变成了人们亲近自然、锻炼身体和休闲娱乐的方式。

南京东郊的孙陵冈（今梅花山）是帝王重阳日的登高之处，齐武帝曾为此专门修建了亭台。据明《正德江宁县志》和《金陵岁时记》记载，明清至民国年间，南京人在重阳节这一天，都要登临鸡笼山北极阁、清凉山扫叶楼、城南雨花台、城北幕府山以及各处明城墙，饮菊酒、吃重阳糕，祝福平安长乐。

幕府登高是流行于南京地区重要的民俗文化活动之一。幕府山的名字，据传是因为晋元帝司马睿南渡建都于南京后，曾命王导设幕府于此山以防北方南侵而得名。幕府山位于南京市西北方的长江之滨，山峦延绵起伏，西起上元门，东至燕子矶，长约 6 公里。幕府山山川相依、石景奇特、物种丰富、山态多变，其石趣、野趣、雅趣皆趣味盎然。幕府“三看”(江中看山、山上看江、山中看洞)让人游绪万千、乐而忘归。

相传清乾隆皇帝六下江南，曾五次登临幕府山览胜，历代文人墨客赞美幕府风景和歌咏登山祈福的诗赋佳句更是不胜枚举。清代选定的“金陵四十八景”中，“幕燕风景区”占了六景（幕府登高、嘉善闻经、达摩古洞、永济江流、化龙丽地、燕矶夕照），其中“幕府登高”排在六景之冠。

去幕府山登高的市民

如今，每当重阳节来临，人们扶老携幼结伴来到幕府山登山祈福，随处可见玲珑剔透的岩溶奇观，以及点缀于洞壑峭壁之间的苍松绿草，显示出蓬勃向上的生命力。在朝暮时分远眺长江，霞光浸染，江水如练，船帆东西争流，让人顿生感叹之情。此时人们既欣赏了别致的美景，同时也达到了登高辟邪免灾的目的。

（万宝宁）

南京吆喝

吆喝，俗称“叫卖声”，古又称“市声”，是最为原始质朴的口头广告形式。南京吆喝的历史久远，特别是在老城南夫子庙地区，手工百业十分发达，叫卖吆喝声此起彼伏。它不仅是贸易繁荣的象征，也是城市印象的构成，更是民众生活的点缀。后来随着传统行业的消失和凋敝，叫卖声也渐行渐远乃至消失，变为历史文献和民众记忆里的一丝温情。

南京吆喝，作为商品销售的一种形态，起初带有质朴的特征，并逐渐融为传统文化的一部分，对南京吆喝的品味就是对文化的赏析。旧时走街串巷的贩夫走卒，或用曲艺清唱，或用口技模仿；或清纯悠扬，或干脆利落；或写实，或夸张；有拐弯，有拖调；有高唱，有低喃。所有的这些，都成了南京乡土文化的标签和南京民众的记忆。

从吆喝的内容来看，大致分为食品售卖类、修旧收旧类、其他服务类；从吆喝的形式来看，大致可分为叫卖类、唱卖类、响器类。

吆喝的主要特征：

用语的通俗性：南京吆喝是南京方言的具体体现，具有口语化的特点，而且通俗易懂。

韵律的音乐性：南京吆喝的节奏感很强，吆喝起来朗朗上口。

结构的一致性：南京吆喝的结构比较一致。

南京吆喝大赛的获奖选手参加“第一个文化遗产日活动”的演出

尾音的辅助性：尾音“儿”化，在南京吆喝中发挥着独特的作用。

吆喝在历史文化价值方面，对研究南京旧时的经济和贸易民俗具有历史学和民俗学方面的重要意义；在语言研究价值方面，对研究南

在中央电视台表演南京吆喝

京地区的方言具有语言学方面的重要意义。

主要传承人刘奎龙，人称“南京吆喝第一人”。他精心创作的原生态“南京吆喝”节目，曾经多次上过电视和电台，因此也被称为“原生态南京吆喝第一人”。他用40多年时间整理了流传在南京街头巷尾的几十个吆喝段子，积极参与了南京吆喝的保护和传承。

近几年来，保护南京吆喝的各种活动正在有条不紊地进行。南京市档案局对南京吆喝资料的挖掘整理、南京吆喝队的成立、各种吆喝大赛的举行、关于吆喝的文艺演出以及广大人民群众对吆喝的热爱都为其重新焕发生机奠定了基础。

（白雪莲）

后　记

本书编撰工作圆满完成之际，深感舒坦和欣慰，因为它基本实现了我们与南京出版社对编撰本书所约定的初衷：《南京历代非物质文化遗产》是一册具有专业性、通俗性、趣味性的南京历史文化普及读物。它以南京地区现存的世界级、国家级、省级重点非物质文化遗产项目为题材；以各个项目所独具的历史沿革、文化价值、保护传承为核心内容；以图配文的表现方式，简要介绍各个非物质文化遗产项目，以求一目了然、雅俗共赏。

本书也比较直观地体现了南京非物质文化遗产保护的主要成果；展现了南京非物质文化遗产存续的主要面貌；呈现了南京非物质文化遗产项目的主要风采。

为此，首先感谢自20世纪中叶以来特别是近10多年来，诸多专家、学者，以及广大非物质文化遗产保护工作者，通过深入民间调查、搜集、整理、研究、诠释等所奠定的宝贵史料文案基础；同时，特别感谢南京出版社的领导和编辑人员，对编辑出版本书所给予的指导和帮助；还要特别感谢热忱参与本书编撰工作的诸位专家、学者和同仁！

非物质文化遗产博大精深，而编者的知识、阅历、水准有限，难免笔墨未及，多有偏颇，恭请广大读者提出宝贵意见，以资改正。